U0721663

老年教育资源供给第三空间路径研究

姜伯成　屠明将　陈明建　著

重庆大学出版社

图书在版编目（CIP）数据

老年教育资源供给第三空间路径研究 / 姜伯成, 屠明将, 陈明建著. -- 重庆：重庆大学出版社, 2024.1
ISBN 978-7-5689-4156-3

Ⅰ.①老⋯ Ⅱ.①姜⋯ ②屠⋯ ③陈⋯ Ⅲ.①老年教育—教育资源—研究—中国 Ⅳ.①G777

中国国家版本馆CIP数据核字（2023）第181744号

老年教育资源供给第三空间路径研究

LAONIAN JIAOYU ZIYUAN GONGJI DISAN KONGJIAN LUJING YANJIU

姜伯成　屠明将　陈明建　著

策划编辑：张菱芷　刘雯娜

责任编辑：夏　宇　　版式设计：刘雯娜

责任校对：关德强　　责任印制：赵　晟

*

重庆大学出版社出版发行

出版人：陈晓阳

社址：重庆市沙坪坝区大学城西路 21 号

邮编：401331

电话：（023）88617190 88617185（中小学）

传真：（023）88617186 88617166

网址：http：//www.cqup.com.cn

邮箱：fxk@cqup.com.cn（营销中心）

全国新华书店经销

重庆亘鑫印务有限公司印刷

*

开本：787mm×1092mm　1/16　印张：10　字数：176 千

2024 年 1 月第 1 版　　2024 年 1 月第 1 次印刷

ISBN 978-7-5689-4156-3　定价：68.00 元

本书如有印刷、装订等质量问题，本社负责调换

版权所有，请勿擅自翻印和用本书

制作各类出版物及配套用书，违者必究

前 言
Preface

　　学习伴随人的一生，无论是"活到老，学到老"的警世名言，还是终身学习理念的时代精神，都凸显了老年教育的必要性。另外，随着人口老龄化形势的加剧以及人均寿命的不断延长，"学习是最好的养老"越来越成为人们的共识。然而，尽管大力发展老年教育早已成为人口老龄化社会的政策目标，但如何提供足够且多样的教育资源却成为构建新时代老年教育体系的重要问题。2016 年 10 月，国务院办公厅印发了《老年教育发展规划（2016—2020 年）》，明确将"扩大老年教育资源供给"作为主要任务之一。2021 年，《中共中央　国务院关于加强新时代老龄工作的意见》出台，进一步明确了老年教育资源供给的重要性，但受目标定位不断游离、管理体制条块分割等多重因素的影响，导致有限的老年教育资源难以发挥集聚效应。政府主导的第一空间路径主要表现为各级老年大学提供的教育资源，也是当下老年教育资源供给的主渠道，目前仅能满足约 4.3% 的 60 岁以上老年人口的教育需求。市场主导的第二空间路径主要面向高收入老年群体的"私人订制"服务，一般表现为高端养老机构的配套支持项目，目前在老年教育资源供给总量的占比较小。

　　可见，介于政府主导和市场主导之间的第三空间路径必然成为老年教育资源供给的重要增量渠道，也是老年教育供给侧结构性改革"大有作为"的关键。由学校教育、社区教育、社会教育、公益组织和老年人自治组织等主体构成的第三空间路径，聚合了总体性、协同性、多样性及发展性的基本原则，根据老年个体学习需求采取整合思维推动老年教育资源的空间生产，促进中国特色新时代老年教育体系得以制度性建构。老年教育资源供给第三空间路径的有效实现，需要理念融合、制度架构、政策扶持和平台支撑等多方面的高效联动。

本书是全国教育科学"十三五"规划 2017 年度教育部重点课题"城乡统筹背景下老年教育资源供给的第三空间路径研究"（DKA170427）的研究成果，由姜伯成（重庆市教育科学研究院研究员）、屠明将（重庆师范大学博士）、陈明建（重庆市教育科学研究院高级教师）共同编著完成。其中，第一章总论由屠明将、姜伯成和陈明建负责，第二章学校教育路径供给老年教育资源由姜伯成、陈明建负责，第三章社区教育路径供给老年教育资源、第四章社会教育路径供给老年教育资源由屠明将负责，第五章公益组织路径供给老年教育资源、第六章老年人自治路径供给老年教育资源由屠明将、姜伯成负责。

著　者

2023 年 3 月

目 录
Contents

第一章 总 论

随着我国人口老龄化态势越来越向纵深方向发展演变，党的十九届五中全会已将"积极应对人口老龄化"上升至国家战略。如何正视"未富先老"与"未备先老"双重挑战的中国特色老龄化社会，并通过转"危"为"机"的方式挖掘老年人口多维度价值，是老龄事业发展亟须解决的问题。尽管"教育是挖掘老年人口资源的主渠道"已成为社会共识，但理念落地尚需老年教育供给侧结构性改革的精准支持。2016 年 10 月，国务院办公厅印发《老年教育发展规划（2016—2020 年）》（以下简称《规划》）将"扩大老年教育资源供给"作为首要任务，随后中共中央、国务院于 2021 年出台了《关于加强新时代老龄工作的意见》（以下简称《意见》）进一步明确了老年教育资源供给的重要性。从老年教育资源供给主体的类型观之，除了政府主导的老年大学模式和市场主导的营利性模式外，还包含介于两者之间的第三空间路径。第三空间概念诞生之初主要是指介于家庭场域（第一空间）与工作场域（第二空间）之间的公共性"社交空间"[1]。后来，第三空间泛指"所有边缘化或外围化的主体'聚首'的地方"[2]，强调以统整融合思维看待事物发展全过程。因此，基于空间学理论，可将各类社会力量供给老年教育资源的总和统称为第三空间路径。虽然《规划》特别重视社区教育、职业院校、社会教育等第三空间主体提供的老年教育资

---

[1] 叶洪，王克非. 探索跨文化传播的"第三空间"[J]. 求索，2016（5）：42.

[2] 爱德华·W. 索亚. 第三空间：去往洛杉矶和其他真实和想象地方的旅程[M]. 陆扬，等译. 上海：上海教育出版社，2005：44.

源，但这些多数属于鼓励性政策，缺乏整体性的制度设计，致使政策执行存在"生产者网络多样性缺失及老年教育资源配置效能较低"[1]等效果欠佳的问题。虽有研究人员从社区教育[2]、职业教育[3]、自主学习团体[4]等视角分析老年教育资源供给，但站在老年教育服务体系构建的整体视域审查第三空间路径内在逻辑及运行机制的文献却十分稀缺。因此，秉持总体性观念解读老年教育资源供给第三空间的理论逻辑，则是构建新时代中国特色老年教育体系的关键。

第一节 问题提出

从第三空间视角探讨老年教育资源供给路径，是构建新时代中国特色老年教育体系以应对人口老龄化的创新性突破口。简言之，其价值体现在以下三个方面：以实现积极老龄化为价值追求、以推动老年教育供给侧结构性改革为整体架构、以丰富老年人学习体验为方针引领。

一、理论逻辑：以实现积极老龄化为价值追求

积极老龄化相对于负面认知的消极老龄化而言，认为人口老龄化并非人类社会发展的"洪水猛兽"，主张生理机能处于老龄性衰退的老年人依旧蕴含着丰富的主体自觉价值，

[1] 杨波.如何破解老年教育政策执行困境：基于政策网络理论视角[J].现代远程教育研究，2020，32（6）：60-68.

[2] 马早明，佘永璇，马林.社区老年教育：港澳经验与广东实践[J].华南师范大学学报：社会科学版，2021，（5）：64-73，206.

[3] 陈明建，屠明将，王汉江.职业院校开展老年教育的价值与策略探索：以重庆市中职学校老年教育试点项目为例[J].教育理论与实践，2021，41（21）：15-19.

[4] 虞红，许广敏.老年教育的形态变革与创新路径研究：基于自主学习团体的审视[J].职教论坛，2021，37（5）：124-129.

而非单纯的社会资源消耗群体，仍是家庭、社区乃至国家的积极贡献者。基于此，积极老龄化倡导独立、参与、尊严、照料、自我实现等理念，主要包括"健康、参与和保障"三大核心支柱。身心协调的健康追求、老有所为的社会参与以及持续发展的保障系统，从不同维度织密了积极老龄化这一理论体系。然而，若想拨开老龄化社会表面覆盖的层层"迷雾"以达到积极老龄化目标，仅仅依靠医疗体系、经济支撑等物质保障似乎远远不够，必须同时高度关注老年群体内在发展的精神需求。大量研究表明，老年教育"有助于提升老年人心理健康、生活质量和社会参与水平"，是实现积极老龄化的重要依托。因此，第三空间路径遵循积极老龄化理论的内在演变逻辑，促使分散在不同行政系统、不同办学主体以及不同组织形式的老年教育资源互融互通形成目标一致、分工明确的学习服务支持体系，真正实现经由"老有所学"到"老有所为"并乐在其中的积极老龄化社会。

二、制度逻辑：以推动老年教育供给侧结构性改革为整体架构

面对数量上日益剧增、内容上更加多元化和方式上愈加个性化的学习需求，老年教育供给侧却存在"总量不足、结构错位"[1]等问题。从终身教育体系的整体视角出发审视老年教育，会发现老年教育存在体系不顺、机制阻滞以及资源短缺等发展障碍。一言以蔽之，供给侧结构性改革已经成为关乎老年教育体系构建的关键环节。但是，由于目标定位不断游离、管理体制条块分割等多重因素的影响，导致本就有限的老年教育资源难以发挥集聚效应。政府主导的第一空间路径主要表现为各级老年大学提供的教育资源，也是当下老年教育资源供给的主渠道。据统计，"2019 年末我国老年大学（学校）在校学员约1 088.2 万人"[2]，也仅能满足 4.3% 左右的 60 岁以上老年人口的教育需求。市场主导的第二空间路径主要面向高收入老年群体的"私人订制"服务，一般表现为高端养老机构的配套支持项目，目前在老年教育资源供给总量的占比较小，尚存在"市场服务规模还不大、

［1］ 李琦, 王颖. 老年教育的供需矛盾及解决机制：国际经验与本土思考［J］. 云南民族大学学报：哲学社会科学版, 2019, 36（6）：75-83.

［2］ 刁海峰. 中国老年教育发展报告（2019—2020）［M］. 北京：中国商务出版社, 2021：13.

服务效益还有待进一步检验"[1]等问题。可见，作为介于政府主导和市场主导之间的第三空间路径必然成为老年教育资源供给的重要增量渠道，这也是老年教育供给侧改革"大有作为"的关键。可见，推动老年教育供给侧"量""质"并举，需要构建资源统整的制度框架，方能将分散在不同举办主体和时空范围的老年教育资源进行有效整合、形成合力。第三空间路径立足于供给侧结构性改革，从整体视角透视老年教育发展的制度障碍，试图通过理顺治理体制、疏通运行机理的方式改变传统"单兵作战"模式造成的不足。

三、实践逻辑：以丰富老年人学习体验为方针引领

第七次全国人口普查结果显示，我国 60 岁以上和 65 岁以上老年人口占比分别为 18.7% 和 13.5%，且这种人口老龄化趋势正以不可逆方式持续发展，据测算，我国将在 2035 年进入重度老龄化阶段并长期保持。人均寿命不断延长、物质生活极大改善和社会节奏加快等多重因素的叠加，进一步激活了老年人的终身教育需求。调查数据显示，"有愿望参加老年教育的老年人约占全体老年人总数的 20% ～ 25%"[2]。面对老年人学习需求的爆发式增长，"为老年人提供公平的教育机会和适合的教育资源"[3]已成为制约老年教育健康有序发展的突出短板。如何有效地统合整理分散在不同空间范畴的老年教育资源，以满足数量众多且需求差异较大的老年群体的发展需要，理应成为构建第三空间路径的方针引领。为此，第三空间路径应既能有效地扩展老年教育资源总量，又能供给多元化学习资源以满足异质老年群体的发展需求。此外，"老年教育供给存在着以城市为中心、以老年干部为主体的倾向，忽略了对广大农村与弱势老年群体的应有关注"[4]；面对当下城乡差异和区域差异交错的老年教育资源错配局面，第三空间路径因其主体多样、方式灵活以及因地制宜等特征，能够有效地补强老年教育资源空间布局失衡的现实短板，促进不同区域、不同群体的老年人口都可以公平普惠地享有学习权利，让"学习是最好的养老"惠及每一位有发展需求的老年人。

---

[1] 张忠.我国老年教育服务供给的困境、准则与路径研究[J].职教论坛，2020，36（12）：139-142.

[2] 沈光辉.老年教育"一座难求"问题成因及破解之策[N].光明日报，2015-06-28.

[3] 谢宇.公共服务均等化视角下我国老年教育发展策略[J].现代远程教育研究，2020，32（1）：84-92.

[4] 李学书.中外老年教育发展和研究的反思与借鉴[J].比较教育研究，2014，36（11）：54-59，68.

第二节 文献综述

目前，国内外关于老年教育的研究涉猎较广，几乎涵盖了老年教育的基本理论研究（内涵、特征、理论取向等）和实践研究（发展历程、发展现状、资源配置、实践模式以及课程建设等）的方方面面。但国内外研究的重点有一定差异，现对国外、国内相关研究分别综述如下。

一、国外相关研究综述

（一）老年教育的基本理论研究

老年教育基本理论研究，主要包括老年教育的理论取向研究和老年教育的发展理论研究。在理论取向上，自 19 世纪 90 年代老年学（Gerontology）诞生之日起，学者们就开始探讨老年教育问题，主要有批判教育学和人文主义教育学两种哲学范式。最早对老年教育进行批判性探讨的是巴斯特比和格伦迪宁，从弗莱雷批判主义哲学出发，他们先后在一个书目章节和期刊论文中提出了老年教育学的四项指导原则：一是社会政治进路，旨在厘清老年人处于社会边缘化的复杂社会学因素；二是思想道德进路，即将老年教育学定义为老年教育理论和实践的一种思想道德方法，这种方法深深植根于批判理论的传统，挑战了占据主导地位的"工具理性"；三是提出了批判教育学的传统概念，即厘清了老年教育学与赋权、解放、改造、社会和霸权控制以及良知等概念之间的关系，这一理论范式是对弗莱雷和葛兰西思想的直接继承；四是解释了老年教育学理论与实践之间的辩证关系。20年后，有学者提出了批判性老年教育学的第五项原则：教学过程可以揭露社会不平等，因此应该促进倾听、爱和宽容，强调在教育中加强团结和富有成效的对话的重要性。简言之，批判哲学范式指导的老年教育学的核心观点是为老年人提供教育应该与他们在生活中获得权利有关——在这种情况下，教育可能是再培训或适应技术变革的工具；它可能与自我实现以及目标感和身份感的增强有关；最重要的是，它应该成为个人和群体赋权的重要机制。人文主义范式是对批判哲学范式的批评，认同这一范式的学者认为"老年教育学的目标应回归到所有教育过程的人文主义、自由主义的本质性目的，老年教育不应与其他任何年龄组的教育有所不同，也没有赋予教师在赋权学生和解放学生方面的任何独特作用"。

在批判主义和人文主义两种哲学范式的指导下，老年教育学学者纷纷从不同理论视角探讨老年教育的发展。一是权利理论。第二次世界大战之后，世界人权运动的发展推动了对包括老年人受教育权在内的老年人权的关注。西方发达国家在老年教育发展过程中越来越重视将开展各种老年教育活动作为实现老年人受教育权以及保障老年人其他人权的重要渠道和手段。20世纪80年代以来，西方国家开始注重老年教育对老年人的"赋权"以及"解放"，例如学者吉普森（1986）曾指出"'解放'是教育的核心所在，因为这意味着获得控制自己生活的权利"。二是终身教育理论。强调通过保障全体社会成员在不同阶段的各种学习需求，满足每一位社会成员在各个时期的各种学习需求，从而实现人的全面发展。其核心就是"以人为本"，宗旨是实现国家对公民个人学习权的切实保障，在原有教育体系下，相对其他人群，老年人受教育权一直是被忽视，而终身教育理论的提出进一步明确了老年人与其他年龄段的人群一样享有不可剥夺的受教育权利。三是社会参与理论。强调社会活动是社会生活的基础，老年人只有保持充分的活力并积极参与社会活动，才会获得更加良好的自我形象，进而实现自身的社会价值。四是自我完善理论。强调人的自我完善包括生理、心理和社会三方面，对老年人也同样适用。教育能提高老年人的自身保健能力，使他们保持积极向上的健康情绪，从而提高他们的现代社会适应能力。自我完善理论注重教育对老年人自身主体性的培养，在学习方式、学习内容以及组织形式等方面尊重老年人自己的意愿，实现老年人的自我升华。五是福利理论。大多数西方国家，例如英国、美国、澳大利亚等都把发展老年教育作为一项社会福利事业纳入社会经济发展战略，在国家政策和财力的支持下，各国开展了形式多样的老年教育活动。例如，美国教育法规定，老年人进入各类高等教育机构学习，可以给予免费、部分减免或奖励资助；英国、美国等国政府还鼓励非政府组织和民间团体开展各种有益于老年人的教育活动，并设置专门的资金对其进行保障和相应的补贴。

（二）老年教育的内涵研究

国外学者广泛认为，"老年教育学"（Educational Gerontology）这一术语最早起源于

20世纪70年代的密歇根大学，该校老年学院开设了这一课程。随后，这一概念被迅速传播。但在这一术语出现之前，已有不少学者对老年教育进行了一系列研究。例如，多纳休（1955）在著作 Education for Later Maturity 中分析了老年人的学习需求，并列举了15类可为老年人提供教育的机构。关于老年教育学的概念，学者们主要从以下三个方面进行了界定：（1）为中老年人设计的教育活动（education for older people）；（2）针对一般或特定公众的老龄化问题的教育活动（education about aging）；（3）为从事或打算从事以专业或准专业身份为老年人服务的人员做好教育准备（education of professionals）。这说明老年教育学的核心要义是将教育过程、教育机构以及老龄化等领域紧密联系，从而提高老年人的生活质量。就本质而言，教育是一种预防性、预期性的机制，因此老年教育学应研究包括但不仅限于老年人的老龄化问题。作为一门学科，老年教育学是一门关于老年人的教育和学习的学科，是一门涵盖心理学、教育学、老年学、医学以及社会学的复杂学科。

（三）老年教育的发展阶段研究

对于老年教育的发展阶段研究，不同学者依据不同标准将老年教育发展分为不同阶段。穆迪（1986）将老年教育的发展划分为四个阶段：

1. 忽视与拒绝阶段

这一阶段处于第二次工业革命后的现代工业社会，相较于当时"成年社会"的主导价值，老年人所代表的潜在价值与工业社会发展需求大相径庭。对立的价值观导致社会对老年人的歧视，老年人被视为一种负担，因此社会除了从"人道主义"的视角为他们提供较低生活保障以外，始终保持有意的"遗忘与鼓励"态度，普遍认为对老年人的教育是一种资源浪费，因此忽视老年人的发展需求，拒绝提供相应的老年教育支持。一方面，老年教育政策、法规处于一片空白；另一方面，很多社会机构并没有为他们提供有针对性的服务。

2. 社会服务阶段

这一阶段受福利国家的建立与政治自由主义思想意识的影响，政府认为要通过公共政策的调节来尽量满足人们的各种需求，从而解决由于工业社会片面追求物质财富所引发的各种社会问题。基于此，社会开始关注日益庞大的老年群体，提出把老年人纳入社会服务体系并把老年教育作为社会服务的项目之一，社会上也涌现出很多老年疗养院和退休村。

同时，在法律法规的保障方面也加大了力度。例如，日本在 1959 年的《人口白皮书》中曾提出扩充老龄化对策的必要性，并于 1963 年在《老年福利法》中明确规定：在地方政府设立专营老年事业的老年福利课。这一时期的老年教育几乎被视为一种休闲娱乐活动，或者为了避免老年人"无所事事"，有意通过一系列有组织的教育活动使他们忙碌起来。尽管这一时期的老年教育相较于上一阶段有所发展，但整体上还是采取传统学习方法，教育活动缺乏整体规划，随意性很大，并且对学习者也未提出具体的学习要求，效率极其低下。

3. 社会参与阶段

这一阶段处于终身教育理论的广泛传播时期，此时老年人群体意识开始觉醒，殷切希望打破老年人逐渐"边缘化"的困境，积极融入主流社会生活中，不希望成为社会的被动参与者。在老年人和社会的双重期待下，人们开始重新审视老年人的价值。例如，在法国，皮埃尔·维拉斯于 1973 年创办了第三年龄大学，它的招生对象囊括了所有年龄段的学员，不过主要服务对象是退休后的老年人[1]。这一时期对老年教育的理解是老年人并不仅限于参加一些简单的休闲活动，而是鼓励他们应当积极创造生命的第二生涯，唤醒他们用乐观的态度面对生活的困境。

4. 自我实现阶段

穆迪认为这是研究的最高阶段，其学习内容并不仅限于娱乐消遣，也不是实用技能，学习安排主要以学员导向组织为主或者表现为一种自学活动，强调老年人从个体角度探索人生的意义、追求心灵的慰藉。尽管这一阶段还处于设想阶段，但是各国也在努力创造条件达成。例如，日本 1989 年宣布实施"高龄者保障福利十年策略"（也称"黄金计划"），其中就提到"改善措施以鼓励老年人过有意义的生活"[2]，并提出了相应的配套改进措施，但总体来说比较模糊。除整体的阶段划分外，外国学者在国别研究中也作了相应划分。例如，彼得森（2018）以美国关于老年教育的学术研究史为标准，划分了美国老年教育的发

---

[1] 中华民国成人及终身教育学会. 高龄社会与高龄教育［M］. 台北：师大书苑有限公司，2004：246.

[2] 黄怡兴. 日本的老年健康保险和养老金制度及"10 年战略（黄金计划）"介绍［J］. 老年学杂志，1993，13（3）：133-134.

展阶段；格伦迪宁（1983）分析了萌芽阶段英美两国的老年教育发展状况；凯（2010）从影响韩国老年教育发展的因素出发分析了老年教育的发展历程。

（四）老年教育实践研究

老年教育实践研究主要包括办学宗旨、组织管理和政策实践三方面。在办学宗旨上，自 20 世纪 70 年代以来，国外老年教育逐渐确立了满足老年人生活质量提高、适应社会变革和职业技能需求、自我发展需求的三大宗旨。基于上述需求，老年教育的办学目标设定为实现老年人的自立与互助、启迪老年人的智慧和促进代际交流与合作、开发老年人的潜能和实现老年人的价值[1]。在老年教育的组织管理方面，办学模式和教育机构是主要研究内容。在办学模式上，主要分为政府投资型模式、自治自助型模式和社区型模式。政府投资型模式是政府把老年大学的各项开支编入年度财政预算，由国家资助开办大学，代表国家有美国、日本、法国、西班牙等。自治自助型模式是老年人自发成立组织，形成一定规模的学习共同体，实行能者为师的教学方式，老年人之间相互学习、共同进步，代表国家有澳大利亚和英国。社区型模式不仅结合了社区的已有资源，而且能充分发挥老年人的自主参与性，由于它的便利性和人际因素方面能得到发展，因此深受社区老年人的喜爱，代表国家有美国和加拿大[2]。在管理模式上，学者杨提出将老年教育机构划分为机构导向组织和学员导向组织，前者是由大学或成人教育部门所设计、控制、运作的老年教育机构，学员的学习主要由大学教师兼任负责，并采用教授法进行教学；后者主要是那些自发成立的学院，这种机构没有专门对教学工作负责的工作人员，教学活动由学员自行主导管理，主要采用研讨方式[3]。教育机构研究，尤其是在不断迭代升级的信息技术的影响下，涌现了大批基于信息技术支持的在线老年教育——第三年龄大学（U3A）的研究，包括实践模式和国别研究。例如，斯温德尔和汤普森（1995）将 U3A 分为法国模式和英国模式。法国模式（UTA）涉及传统大学系统中的教学。相比之下，几年后发展起来的英国模

---

[1] 董之鹰. 老年教育学［M］. 北京：中国社会出版社，2009：442-446.

[2] SWINDELL R.Successful ageing and international approaches to later-life learning［M］//Active Ageing, Active Learning. Dordrecht: Springer Netherlands, 2011: 35-63.

[3] 董之鹰. 老年教育学［M］. 北京：中国社会出版社，2009：460-464.

式（也称自助 U3A 模式），则完全由退休志愿者管理，通常在低成本或高补贴的社区场所，几乎没有或根本没有正规教育提供者的支持。至于政策法规研究，国外老年教育的相关内容则具有较强的指导性。格伦迪宁（2018）编著的 *Educational Gerontology*：*international Perspectives* 对美国、英国、丹麦等国的老年教育政策（社会福利政策、老龄化政策、教育政策）等进行了概括性介绍。此外，学者们还对政策内容、政策影响以及政策建议等方面展开了广泛研究。例如，针对当前关于老年教育的政策体系尚未建立，以及对老年人学习和教育实践的政策影响十分局限的现实，彼得森和马苏纳加（1998）提出了政策改进方向：鼓励老年人参与教育项目；拓展参与者的多样性；鼓励发展专门的老年教育组织机构；对老年教育项目的评估指导；老年教育专业人员的培训；教育经费。

（五）老年教育的作用和影响研究

随着人口老龄化趋势的不断增强，老年教育学者逐渐认识到老年教育对老年人的增益。尤其是在信息技术洪流下，老年教育能助力老年人跟上科技进步的步伐，增强他们自力更生、自给自足的生存能力。具体来看，老年教育的增益作用主要体现在以下四个方面：其一，减少认知衰退。认知能力下降是老龄化的正常伴随现象，已有研究表明，老年人参与学习可以延缓智力衰退；随着年龄的增长，我们会继续开发新的脑细胞，认知活动可能会允许开发新的神经通路，以取代其他已被破坏的神经通路。因此，在为老年学习者（尤其是 75 岁以上的老年人）设计教育时，应当考虑到认知过程下降这一因素，同时更应采取积极措施，关注老年人可以学到什么，以及他们如何从这种学习中受益。其二，减少疾病和与疾病相关的致残情况的发生，提高生活质量。克拉克等（1992）通过实验研究分析了一项针对患有心脏病的老年人的自我管理教育项目的效果，发现这一教育项目可以明显地改善老年人的心理社会功能。成岛（2013）通过定性研究探讨了一项基于社区的老年教育项目在促进个人和社区层面的健康和福祉方面的作用和影响，发现这一项目通过维持老年人的兴趣、建立社会支持网络以及提高对学习权利的认识等进一步影响个人和社区的健康。其三，满足老年人的特定需求。老年人参与教育的动机主要分为工具性动机、表达性动机和社会联系动机。工具性动机是一种外在的，为了达到目的的性格，包括掌握某些技能，如演奏乐器、学习外语、熟悉计算机软件应用程序或获得预算管理技术。表达性动机有时被认为是内在的，为了自身的目的而学习，包括加深意义感，洞察过去，发展对艺术、音乐或文学的欣赏，通过诗歌或歌曲找到声音，以及通过学习冥想寻求更深刻的见解。此外，老年教育有利于扩大朋友圈，增强老年人的社会联系。其四，增加社会参与。在老年教育项目中，老年人的社会互动增强，减少了边缘感，并与更广泛的社会团体进行资源交换，进而提升幸福感。总体来看，国外老年教育研究成果较为丰富和成熟，已经形成了较为完善的理论脉络，对老年教育实践的方方面面都进行了较为深入的研究。

二、国内相关研究综述

国内研究在内容上与国外研究略有差异，但总体上也包括基本理论研究、内涵研究、发展阶段研究、实践研究以及作用和影响因素研究。此外，还包括国别比较和借鉴研究。

（一）老年教育的基本理论研究

与国外研究不同的是，国内关于老年教育的理论研究主要借鉴了国外的相关理论视角，本土化的理论建构较少。叶忠海（2013）从类型学视角探讨了老年教育学的教育宗旨、属性特征、基本目的和教育功能等基本理论问题[1]。但目前我国尚未建构起本土化的老年教育理论体系，理论研究主要借鉴国外的理论视角对老年教育的某一问题进行理论阐释和分析。当前，国内老年教育实践中的主导理论包括康复理论、社会参与理论、赋权增能理论和老龄化理论。从国内老年教育实践领域看，以丰富老年人文化生活为核心理念的康复理论是最主要理论。20世纪80年代我国开始实施干部退休制度，为丰富退休干部的生活，以"丰富老年人文化生活"为宗旨的老年大学相继产生，老年教育活动以"康乐""休闲"为核心，教育内容以轻松愉快的文体活动为主[2]。时至今日，康复理论在当前的老年大学办学实践中仍然颇具影响。此外，社会参与理论也对我国老年教育实践有一定影响。《中华人民共和国老年人权益保障法》（以下简称《老年人权益保障法》）中"老年人有参与社会发展的权利""国家应当为老年人参与社会主义物质文明建设创造条件"等规定充分体现了国家鼓励老年人积极参与社会建设的法理依据。但在中国劳动力市场竞争激烈、就业压力较大的形势下，该理论也招致了不少质疑。赋权增能理论则对我国老年教

---

[1] 叶忠海. 老年教育若干基本理论问题[J]. 现代远程教育研究, 2013（6）：11-16, 23.
[2] 李朝恒. 新形势下我国老年教育理论的再认识[J]. 当代继续教育, 2017, 35（4）：76-80.

育转型发展具有积极影响，沈光辉和蔡亮光（2021）从这一理论出发，指出我国老年教育存在公平普惠不足、主体性缺失、教育教学质量不高等实践偏差，进而提出了增权赋能发展策略[1]。国内学者还从老龄化理论视角出发，反思并重构了我国老年教育目标、内容和方法等基本理论问题，促进老年教育的终身化发展[2]。但总体来看，我国老年教育理论取向较为单一，从侧面也反映出老年教育发展的滞后性。

（二）老年教育的内涵研究

国内学者对老年教育定义颇多，且存在相似性。具有代表性的定义有：老年教育是指按老年人和社会发展的需要，有目的、有组织地为所属社会承认的老年人提供非传统、具有老年特色的终身教育活动，是终身教育体系中老年阶段一切教育的总和，包括不同性质、不同类型、不同层次、不同形式的教育，是终身教育的最后阶段[3]；"高龄教育"是指向年满55周岁以上的人提供有计划、有目的、有组织的学习活动，其目的在于知识的增进，情感与态度的改变，以达成自我实现[4]；基于日本的福祉教育理念，认为老年教育是通过世代融合的功能和手段，突破老年教育对象，实现老年教育是由老年人群体扩展到社会全体成员的活动[5]；老年教育是一种教育活动，根据老年人生理和心理特点来组织实施，是终身教育体系的组成部分[6]。

（三）老年教育的发展阶段研究

国内学者对我国老年教育发展历程的研究多数基于政策视角。吴思孝（2019）立足政策文本，将我国老年教育发展分为管理机构建立的萌芽期（1982—1993年）、管理主

[1]　沈光辉，蔡亮光. 赋权增能理论视域下老年教育转型发展探究[J]. 湖北社会科学，2021（11）：142-147.

[2]　李洁. 老年教育理论的反思与重构：基于西方现代老龄化理论视野[J]. 开放教育研究，2015，21（3）：113-120.

[3]　叶忠海. 老年教育若干基本理论问题[J]. 现代远程教育研究，2013（6）：11-16，23.

[4]　黄富顺. 高龄社会与高龄教育[M]//中华民国成人及终身教育学会. 高龄社会与高龄教育. 台北：师大书苑有限公司，2004.

[5]　虞红，夏现伟. 国际老年教育发展的新动向及对我国的启示：基于福祉教育的视角[J]. 职教论坛，2019（6）：97-103.

[6]　北京师范大学交叉学科研究会. 中国老年百科全书：文化·教育·修养卷[M]. 银川：宁夏人民出版社，1994：409.

体更替变化的初创期（1994—2004年）、纳入老龄事业范畴的发展期（2005—2015年）和独立政策文本出台的完善期（2016年以后）四个阶段[1]。马丽华和叶忠海（2018）结合政策发展、实践样本、理论发展和社会背景将我国老年教育发展分为以老干部为中心、未具规模的初创期（20世纪70年代末80年代初—1995年），重视老年"受教育权"、着手扩大办学规模的推广期（1996—2001年），强调终身"教育性"、提升办学规范化的发展期（2002—2011年）和构建"现代化教育体系"、尝试办学战略转型的繁盛期（2011年以后）四个阶段[2]。王胜子等（2011）将我国老年教育发展分为20世纪80年代初期的创立阶段（以山东建立第一所老年教育大学为标志）、20世纪80年代中期到90年代末期的发展阶段（关于老年教育政策先后出台，全国各地老年教育协会、老年大学协会、老年教育研究会等成立和老年教育研究著作的出现）和21世纪至今的创新阶段（老年教育纳入国家规划纲要）[3]。台湾学者林义因和黄金山（2015）则从政策视角将台湾的老年教育发展分为社会福利阶段（1980—1989年）、终身学习阶段（1989—2004年）和社会公平阶段（2004年至今）。

（四）老年教育的实践研究

实践研究主要包括政策、实践模式和课程教学的研究。政策研究主要针对政策演进和现状、政策取向、政策内容、政策执行等方面进行研究。在政策演进上，孙立新等（2022）基于历史制度主义视角分析了我国老年教育政策的演进逻辑，研究发现，自改革开放以来，我国老年教育政策呈多元化、特色化的发展趋势[4]。还有学者对我国老年教育政策的价值取向进行专门研究。例如，王英、王小波（2015）认为，《教育法》和《老年人权益保障法》规定的保障中国公民和老年人的受教育权利是权利理论的体现；国家和政府在全国各地创办老年大学，并不断改善老年教育的基础设施和师资环境是福利理论的体现；《老

[1] 吴思孝. 我国老年教育的历史追溯与未来展望：基于政策发展视角[J]. 成人教育，2019，39（6）：42-48.

[2] 马丽华，叶忠海. 中国老年教育的嬗变逻辑与未来走向[J]. 南京社会科学，2018（9）：150-156.

[3] 王胜子，韩俊江. 关于我国老年教育的思考[J]. 教育理论与实践，2011，31（34）：15-17.

[4] 孙立新，姚艳蓉，叶长胜. 我国老年教育政策的逻辑演变：基于历史制度主义视角[J]. 河北师范大学学报：教育科学版，2022，24（1）：113-123.

年人权益保障法》提出的"老有所为"是社会参与理论的具体体现[1]。政策内容研究包括全国性研究和区域性研究。例如，吴结（2019）从关联程度、价值取向、权责设置和表述形式四个方面分析了现行老年教育政策在内容上的瑕疵或缺漏之处[2]；张婧（2011）在其硕士论文中对上海市老年教育政策进行了现状解读[3]。政策执行是国内政策研究的重点内容，包括对政策执行的阻滞因素、现状、问题以及优化路径的研究。杨波（2020）基于政策网络理论视角分析了我国老年教育政策执行的困境及突围策略[4]。

老年群体的多层次决定了老年教育模式和形式的多元化，包括社区教育、远程网络教育、学校教育和家庭教育等多种形式。实践模式研究也是国内老年教育实践研究的一大重点，具体包括办学模式、管理模式、教学模式和课程模式等研究，但当前国内研究主要聚焦于办学模式研究，其他研究相对较少。

中国老年教育模式主要有老年大学、社区老年教育、老年人自发组织开展的老年教育与非营利性文化教育机构提供的老年教育服务等三大类。基于社区的老年教育和"互联网+"支持的线上老年教育是当前国内研究的焦点。

课程是老年教育的重要载体，也是实现其宗旨的有效途径。纵观国内老年教育课程，主要包括身心休闲和健康教育、退休准备教育、死亡教育、生活调试教育等内容。同时，鉴于老年人个性化和差异性，老年教育课程采用了分层设置形式，一般分为内容层次和水平层次两种。老年教育课程内容层次包括必修课、选修课、学术研究课和校外活动课。老年教育课程水平层次包括普通班、提高班与研究班，供老年人进行多层次选择[5]。中国老年教育课程主要是以"健康与娱乐"为主题，居家型自学依旧是老年人学习的主要形式，以报纸、电视为主要媒介，远程教育利用率低，区域差异大。老年人力资源开发等内容和形式被忽略，与我国老年人教育需求多元化及异质性特点形成鲜明对比，非专业性和短视

---

[1] 王英，王小波.中国老年福利的"新常态"：老年教育的社会政策化[J].宁夏社会科学，2015（6）：66-71.

[2] 吴结.老年教育政策内容的四重审视[J].成人教育，2020，40（1）：35-39.

[3] 张婧.上海市老年教育政策的现状分析及优化路径研究：基于文本分析的视角[D].上海：复旦大学，2011.

[4] 杨波.如何破解老年教育政策执行困境：基于政策网络理论视角[J].现代远程教育研究，2020，32（6）：60-68.

[5] 李学书.中外老年教育发展和研究的反思与借鉴[J].比较教育研究，2014，36（11）：54-59，68.

发展等现象比较严重，课程建设科学化和系统化有待深入。

（五）老年教育的作用和影响因素研究

相较于国外研究，国内研究在关注老年教育的作用和功能的同时，还关注了影响老年人参与教育和学习的因素。老年教育的增益作用主要体现在个体身心发展、社会发展、生产发展等方面，具有个体价值和社会价值。老年教育社会性功能的具体目标包括三个方面：一是帮助老年人融入现实社会；二是推动经济社会发展；三是营造支持老年教育发展的社会氛围，推动老年教育社会保障体系的构建[1]。个体功能主要体现在促进身心健康、心理调适和观念革新等方面。进入老年期后，老年人不仅身体的各项机能开始下降，需要通过学习增加保健方面的知识、意识和能力，社会身份的变化也让他们从心理上进行调整，适应新的社会角色[2]。老年教育的作用和影响研究除理论探讨外，还开展了系列实证研究，以厘清老年教育的实然影响。例如，孙立新和张家睿（2021）通过调查研究，发现老年人的学习参与可以增强其主观幸福感[3]。影响老年人参与教育学习的因素主要有三类：个体、社会和国家。王正东和琚向红（2016）通过实证研究，分析了影响老年人参与学习的因素，包括个体特征、家庭、学习环境和学习预期等，其中性别、年龄、帮带小孩、学习距离、收费标准、教学内容和有益健康等因素影响显著[4]。曹杨和王记文（2016）利用"2000年中国城乡老年人口状况一次性抽样调查"和"2010年中国城乡老年人口状况追踪调查"数据进行分析，发现生物属性、经济属性和社会属性对城市退休老人参与老年大学均有积极影响[5]。

（六）老年教育的国别比较与借鉴研究

从发展进程来看，国外老年教育在实践和学术研究方面都早于国内。因此，国内研究的重点之一即是关于国外老年教育的引鉴、国内外对比以及对国内研究的启示。对国外

[1] 吴结. 基于社会学视角的老年教育功能演进及其拓展分析[J]. 成人教育，2021, 41(3): 45-50.

[2] 张红兵，吴亦繁，孟祥彬. 基于内容分析法的老年教育研究综述[J]. 成人教育，2021, 41(5): 42-49.

[3] 孙立新，张家睿. 角色理论视角下学习参与提升空巢老人主观幸福感研究[J]. 现代远距离教育，2021(5): 81-90.

[4] 王正东，琚向红. 老年人参与社区教育影响因素的实证研究[J]. 中国远程教育，2016(5): 50-56.

[5] 曹杨，王记文. 中国城市退休老人参与老年大学的影响因素研究[J]. 人口与发展，2016, 22(5): 98-104.

老年教育的引鉴主要表现在对欧美国家的老年教育发展历程、政策演进以及实践模式等的介绍。国内外比较研究包括老年教育发展的方方面面，既包括理论溯源、发展理念的对比，也包括实践层面的教育模式、教学内容、政策演进以及资源保障体系等方面的对比。除老年教育发展的比较研究外，还有国内外学术研究的对比。例如，王颖和李琦（2019）通过对老年教育学术史的梳理，分析了国内外老年教育研究领域的主题和侧重点，并提出了未来研究方向[1]。总体来看，国内外研究主题有大幅重合，几乎涵盖了老年教育理论和实践的方方面面。但相较于国外，尤其是欧美国家，我国的老年教育起步较晚，在理论研究和实践研究方面均显滞后，尤其是尚未建立本土化的老年教育理论。至于老年教育实践研究则内容比较丰富，且涌现了一些实证研究，但研究深度仍显不足。

三、已有研究述评

一是已有研究基本确立了以"公平与效率辩证统一"为本位的公共教育资源配置观，为本研究的开展提供了清晰的出发点与落脚点。目前，对教育资源配置的认识主要有三种取向：教育公平优先观、教育效率优先观、教育公平与教育效率并重观。三种不同的价值取向反映了人们对"教育资源配置"本质的不同认识，但由于优质教育资源稀缺性与优质教育需求无限性之间的矛盾，任何只强调教育公平或者教育效率的观点都无法化解现实中的二律背反。可见，教育资源配置本质上反映的是教育公平与教育效率之间的关系。本课题在此基础上，基于老年教育公益性的内在规定与老龄化趋势加剧的社会现实，确立了"老年教育资源配置取向"与"老年教育资源供给路径"两条研究主线。一方面从城乡老年教育资源配置严重失衡的现实出发，基于城乡统筹的视角关注弱势群体在教育资源获取上的困境，强调区域老年教育资源配置的合理性；另一方面从教育资源供给路径的角度出发，探究政府、市场、"第三部门"之间的联动机制，更加突出"第三部门"在老年教育资源供给上的独特功能。

---

[1]　王颖，李琦. 国内外老年教育研究综述与展望[J]. 社会科学战线，2019（10）：217-224.

二是已有研究对"教育资源供给路径"的探究呈现政府、市场、"第三部门"并存的特征，为本研究框架的构建提供了较充分的理论基础。政府、市场、"第三部门"在老年教育资源供给中各自承担了不同功能，只有三者之间形成分工明确、协调一致的格局，才能推动老年教育健康可持续发展。从公共教育资源供给主体看，目前我国公共教育资源主要由政府提供，尤其是义务教育阶段和成人教育阶段表现得尤为突出。老年教育资源供给主要是以政府为主，并且主要针对机关事业单位离退休人员，受益群体面窄，对不同老年群体个性化学习需求关注度不够。高校、公益组织等"第三部门"在老年教育发展中的独特功能尚未引起足够重视。因此，本研究基于第三空间路径视角，以老年教育供给侧改革为突破口，探寻在充分发挥政府与市场作用的基础上，重点研究各级各类学校、民办教育机构、公益组织等社会力量在老年教育资源供给中的作用。

三是从国内外研究比较来看，国外对该主题侧重于实践模式、教育内容与老年人自我实现的关系研究；国内对该主题则偏向于比较分析与现状描述研究，但研究深度尚需加强。从国内外对该主题研究的比较来看，国外研究侧重于"第三部门"对老年教育发展重要性的研究，更加重视高校、公益组织与老年人自发组织的社团等社会力量在老年教育资源供给中的作用，认为惟其如此方能促进老年教育形式的多样性，以及提供个性化的老年教育课程，从而满足不同老年群体的学习需求并助推其自我实现。国内研究更多地集中于老年教育理论方面，例如，介绍国外老年教育理论流派与实践模式，更加侧重于国内老年教育发展历程与老年人学习需求的分析，很少触及政府、市场、"第三部门"在老年教育发展中的辩证关系，尤其是忽视了"第三部门"在丰富老年教育实践模式中的作用。

第三节　核心概念

一、老年教育资源

立足于"教育是有目的地培养人的社会活动"这一基本观点，并结合联合国教科文组织编写的《反思教育：向"全球共同利益"的理念转变？》，将教育理解为"有计划、有意识、有目的和有组织的学习"[1]，可对老年教育的内涵进行规范化定义，即老年教育是以秉持人文主义尊重生命和人类尊严为基本理念的、通过学习推动老年人口持续发展，实现积极老龄化目标的社会活动。"资源"指"供满足需要的东西"或"储藏以备需要时提取"[2]。简言之，资源对针对需求主体的人而言，既包括物质形态也包括非物质形态。教育资源是"教育过程中所占用、使用和消耗的人力、物力和财力资源，即人力资源和物力资源、财力资源的总和"[3]，也可进一步拓展为"信息资源、时空资源、制度资源"[4]等方面。教育资源具有公益性、稀缺性、流变性、多样性和复杂性等基本特征。结合老年人口的特殊性，本研究将老年教育资源表述为"凡是能够满足老年人学习需求以及支持老年教育活动有效开展的人力资源、物力资源、财力资源、制度资源、信息资源和文化资源的总和皆称老年教育资源"。

二、第三空间路径

1989年，雷·奥登伯格在《绝好的地方》中提出了"第三空间"概念[5]，认为"第三空间"是指介于家和工作单位（第一、第二空间）之间的一个中性平等的社交空间[6]。通常来说，按照主体所处时空范畴的差异可将其生活世界划分为三种类型，即第一空间（居住空间）、第二空间（工作空间）和第三空间（购物休闲场所）。从文献分布来看，对"第三空间"的研究多集中于文化学、传播学、图书馆学和地理学等相关研究资料中。文化学中的"第三空间"源于霍米·巴巴的后殖民理论研究，是指殖民者与被殖民者相互渗透的状态，双方跨越各自边界，产生新的文化和语言等[7]。地理学中的"第三空间"

[1] 联合国教科文组织. 反思教育: 向"全球共同利益"的理念转变? [M]. 联合国教科文组织总部中文科, 译.北京: 教育科学出版社, 2017: 9.

[2] 范兆雄. 课程资源概论[M]. 北京: 中国社会科学出版社, 2002: 2.

[3] 顾明远. 教育大辞典: 增订合编本[M]. 上海: 上海教育出版社, 1998: 799.

[4] 顾明远. 教育大辞典: 增订合编本[M]. 上海: 上海教育出版社, 1998: 799.

[5] 曾建勋. "第三空间"诠释[J]. 数字图书馆论坛, 2015(10): 1.

[6] 叶洪, 王克非. 探索跨文化传播的"第三空间"[J]. 求索, 2016(5): 42-46.

[7] 戴伟芬. 教师教育供给侧改革: 基于第三空间的视角[J]. 教育与经济, 2016(6): 36-39, 93.

概念最早起源于美国地理学家爱德华·W. 索亚于 1996 年所著《第三空间：去往洛杉矶和其他真实和想象地方的旅程》，多数观点将其解读为"物质与精神二元外的包罗万象的第三维空间思想"[1]，即超越物质基础的第一空间与个体精神基础的第二空间的"具有'他者化'属性的第三空间"[2]。教育学中的"第三空间"概念来自陆有铨与马和民在《略论"第三空间"教育》中提出的"网络化的虚拟社会构成了人们生活的'第三空间'"[3]。可见，无论何种学科视角，第三空间理论皆在强调破除主客对立的二元化思维，摆脱那种非此即彼的逻辑定势，更加重视以统整融合思维看待事物发展。基于第三空间理论视角审视教育公共产品供给，也可以划分为第一部门（政府）主导模式、第二部门（市场）主导模式、第三部门（介于政府和市场之间）主导模式三种类型。本研究中的第三空间路径主要是指介于政府主导与市场主导之间的各类社会力量供给老年教育资源之总和，即老年教育资源供给中除了要发挥政府功能，还应调动学校教育系统、社区教育、社会教育、公益组织、老年人自治组织等第三空间路径的积极性，以老年教育供给侧改革为动力，为老年人提供更加丰富多元的教育资源。

第四节 理论模型

基于积极老龄化与空间学的理论视角，探索老年教育资源供给第三空间路径系统，其最高要旨为构建新时代老年教育体系，以应对人口老龄化程度不断加深带来的个体发展需求暴增与社会发展进步阻滞的多重交互现象。由学校教育、社区教育、社会教育、公益组织和老年人自治组织等主体构成的第三空间路径，聚合了总体性、协同性、多样性及发展性的基本原则，针对老年人个体学习需求采取整合思维推动老年教育资源的空间生产，

---

[1] 张志庆, 刘佳丽. 爱德华·索亚第三空间理论的渊源与启示[J]. 现代传播（中国传媒大学学报）, 2019, 41 （12）: 14-20.

[2] 张志庆, 刘佳丽. 爱德华·索亚第三空间理论的渊源与启示[J]. 现代传播（中国传媒大学学报）, 2019, 41 （12）: 14-20.

[3] 陆有铨, 马和民. 略论"第三空间"教育[J]. 外国中小学教育, 2009（11）: 1-3.

促进中国特色的新时代老年教育体系得以制度性设计与完善。新时代老年教育资源供给第三空间路径的理论模型如图1.1所示。

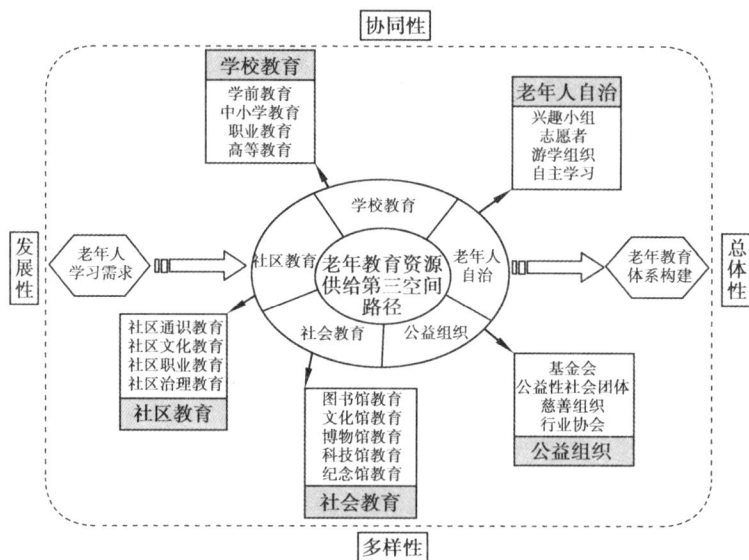

图1.1　新时代老年教育资源供给第三空间路径的理论模型

一、目标定位

从第三空间路径整合老年教育资源并非随意为之的应急之策，而是通过丰富老年人学习资源供给以完善老年教育体制机制的系统架构。尽管老年教育作为终身教育体系的重要组成部分似乎得到了某种程度的重视，但老年教育作为一种"类型教育"的独特性并未充分体现。第三空间路径秉持"老龄事业"与"教育属性"并重的理念统整老年教育资源，进而凝练和升华出具有"适老化"特色的老年教育服务体系。简言之，基于第三空间视角对老年教育资源的挖掘，核心目标是为了打造体现"终身化"与"适老化"相统一的秉持兼收并蓄、服务发展的老年人学习支持系统，最终指向构建开放多元的老年教育体系。

二、基本原则

（一）总体性

总体性是西方马克思主义理论家卢卡奇提出并完善的哲学思想体系，作为马克思主义方法论首要范畴的"总体性辩证法",一方面用联系观点审视整体与部分之间的关系,并提出"部分的真理寓于全体之中"[1];另一方面强调用变化视角审视过去、现在和将来的序列化整体变迁。老年教育资源供给第三空间路径的总体性原则,并非将其构成要素作为逻辑起点,来仰视老年教育体系建构或者俯视老年人个体学习需求,而是基于总体性老年教育资源视角,关注老年教育实践模式创新,将第三空间路径寓于总体性老年教育视野之下。不同表现形态的第三空间路径实质上作为老年教育体系建构的组成部分,并不是某种类型教育借服务社会之名开展的可有可无的点缀。实际上第三空间路径供给老年教育资源有其特定背景与发展基础,在完善新时代老年教育制度框架过程中完全能够发挥"第三条道路"的特殊功能。

(二)协同性

资源总量短缺且空间布局不足是目前老年教育发展的关键瓶颈,第三空间路径可在整合现有资源基础上促进老年教育资源的持续增值。首先,第一空间、第二空间和第三空间的模式协同。既然第三空间路径是从总体性角度关切老年教育体系建构,那么就无法绕开其与老年教育资源供给第一空间以及第二空间之间的关系,第三空间路径是政府主导老年大学系在统以及市场主导高端老年教育服务之外的重要力量,是老年教育资源供给的重要组成部分而非简单的补充角色。其次,第三空间主体之间的要素协同。第三空间路径作为介于政府主导和市场主导之间的中坚力量,囊括学校教育、社区教育、社会教育、公益组织以及老年人自治组织等多种途径,这些要素对丰富老年教育资源发挥着不可替代的独特功能。因为不同要素既有办学特色和发展老年教育定位的差异,促使主体之间形成"差序格局"的角色扮演,并在协同共促过程中引领老年教育资源的深度发掘。最后,第三空间主体内部的功能协同。第三空间主体供给老年教育资源需要处理办学定位中不同办学功能之间的关系。比如职业院校供给老年教育资源可从人才培养、设施设备、职业培训等途径发展老年教育,但是职业院校的首要职责是针对青少年群体开展技术技能型人才培养,如何处理主要职责与社会服务之间的关系,在循环联动中实现价值和实践上的融合,就需

---

[1] 欧阳谦. 卢卡奇的总体性思想辨析[J]. 教学与研究,2012(4):64-71.

要努力打造协同共促的内部联动机制。

（三）多样性

第三空间路径是描述介于政府主导和市场主导之间的各类老年教育资源聚集，多样性是其具备无限发展潜力的关键"秘诀"。不同要素因自身特质差异决定所提供的老年教育资源深刻烙印了脱胎而出的"母体映像"，例如职业院校能为老年人提供专业的职业技能培训服务、社区老年教育的近便与灵活等。老年人在年龄、性别、职业、学历以及兴趣爱好等方面存在巨大差异，直接导致了老年人学习需求多元化。不同于面向青少年学生群体的学校教育，能够通过生理年龄、心智基础以及能力素养等条件的大致统一而设置相对适应性的教育活动，传统老年大学除了在年龄上设置入学条件以外，并不能有效地区分生源基础，致使老年大学的办学取向存在"娱乐化"现象。因无法根据教育对象的差异化提供有效的个性化教学，传统老年大学只能通过开设通识性的所谓书法、舞蹈、摄影等常规课程，来满足老年人群的共性需求。而第三空间路径能有效规避因教育对象基础悬殊而难以开展适应性的老年教育活动，凭借不同第三空间主体拥有的自身优势，完全可以提供大量契合特定老年群体学习需求的优质教育资源。

（四）发展性

老年教育资源供给第三空间路径还具备发展性的基本原则，主要体现在促进老年人学习发展、持续生成老年教育资源并推动老年教育体系不断健全三个方面。一是有利于促进老年人的自我发展。由于不同形式第三空间路径所提供的老年教育资源具有独特性，不仅可以有效满足老年群体的差异化学习需求，还能提供专业性、个性化的教育资源，进而满足老年人对退休后"梅开二度"的发展渴求。二是有利于推动老年教育资源的增值性发展。第三空间路径并非一个既定、等待被填充的固定容器，其内含不设上限的持续发展能力。第三空间路径所能开发利用的老年教育资源，随着主观认识不断深化与客观环境不断变化会得到持续不断的挖掘，即第三空间路径通过自我再生产途径获得老年教育之社会再生产的溢出效应。这样，老年教育资源总量将随着第三空间主体的"产能激发"得到持续增值，且老年教育资源结构性短缺状况也能得到逐步缓解。

三、构成要素

（一）学校教育

学校教育是指面向青少年儿童的专门教育系统，包括幼儿园、中小学校、职业院校以及普通高校。一方面，学校教育的场所、师资、专业以及设备等既有资源能够支撑其开展丰富多彩的老年教育活动。另一方面，青少年学生也能通过"代际反哺"形式对长者进行学习支持。代际差异既是老年教育应正视的现实问题，同时也是一种重要资源，代际双向共育不仅可以有效化解老年教育资源匮乏难题，也是引领学校教育功能拓展的现实切入口之一。"探索新时代背景下'养教结合'与'教育养老'的新思路，有助于构建终身教育视角下学校教育参与老年教育资源供给的路径。"[1]

（二）社区教育

社区教育的属性之一是开发和利用各种教育资源的载体，以服务社区共同体成员为目标，由于青少年学生群体要接受学校教育以及中青年群体忙于生计的客观因素，老年人已然成为社区教育的主要对象。首先，社区教育可以整合各种老年教育资源以形成合力。既能整合学校教育资源以服务老年人学习，还可以统筹基层公共服务资源以服务老年人学习。其次，社区教育的便利性使其极具吸引力。老年人生理和心理发展阶段的独特性，使其对就近入学的需求十分迫切。社区老年教育具有"天时地利人和"等多重优势，服务老年人学习的虹吸力较高。

（三）社会教育

社会教育是利用一切机会、在一切场所多元地开展学习活动的形式，包括图书馆、博物馆、纪念馆、科技馆、医院、公园等公共服务机构。社会教育作为一种带有浓郁人文关怀色彩的民本化与社会化的教育类型，通过发挥其全纳性、补偿性与普惠性等天然属性，能够提供内容多样、方式灵活的多元化学习资源，在解决老年教育资源匮乏的同时，还可以突破传统老年教育途径单一、效果同质的"呆板化"倾向。此外，社会教育营造的终身

---

[1] 姜伯成，罗统碧.学校教育参与供给老年教育资源的价值与路径[J].重庆广播电视大学学报，2020，32（4）：20-25.

学习氛围，有利于转变社会大众对老年教育的"刻板印象"，进而促进"学习是最好的养老"理念深入人心。

（四）公益组织

诸如基金会、公益性社会团体、慈善组织、行业协会等不以营利为目的并追求社会利益最大化的组织均可称为广义层面上的公益组织。公益组织参与老年教育资源供给不但弥补了政府在老年教育方面的职能缺位，而且事实上还极大地推动了老年教育的繁荣与发展。一是公益组织汇聚了大量的专业教育人才，以人才优势提升老年教育资源供给的专业性，帮助老年人实现自我学习能力的提升和自我教育水平的增强。二是公益组织参与老年教育资源供给过程中力求实现公益价值的最大输出，在为老年教育提供设施设备、人力供给、资金注入等基础保障方面发挥独特价值。

（五）老年人自治组织

"老年人自治"重视调动老年人在自我教育中的主观能动性，自主地进行个体性学习以及群体性的组织学习（如兴趣小组、志愿者、游学等）。此类学习行动或是老年人自行组织，或是基于老年教育机构场域的非正规学习组织，或是依靠其他教育机构自发组织的学习团体。老年人自治组织开展的各类学习活动，可以将其阅历和经验等累积性知识充分展现出来，通过同伴学习方式达到互助式学习效应，在交流合作过程中实现老年教育资源的流动增值。

四、运行机制

（一）以满足老年人学习需求与引领二次发展为中心基点

老年人口基数庞大与老年群体学习欲望强盛的双重叠加，导致老年教育资源供给严重落后于现实需求。而政府又无法在短时间内提供大量的专门化、公益性老年教育资源，于是第三空间路径被寄予厚望。地理位置、年龄阶段、性别特征、文化程度、退休前职业、兴趣爱好以及生存环境等方面的区隔化，使老年群体学习需求的矛盾化差异非常大，而第三空间路径的多样化特征又恰好与之天然合拍，无形中提供了老年教育公共产品的服务职能，在满足老年群体学习需要的基础上进一步引领该群体的持续发展。无论何种形式的第三空间路径，其供给老年教育资源的基本前提都是为了满足老年人多样化的学习需求，并在促进个体发展的同时又能最大限度地促进老年群体社会价值的挖掘，这也是第三空间路径之所以具备蓬勃生机与无限可能的重要基石。

（二）以拓展主体办学功能与丰富老年教育资源为双轮驱动

第三空间路径供给老年教育资源并非采取老年大学式专门化、系统化开展，多数都是基于自身特色衍生出的老年教育产品。第三空间主体开展的老年教育活动，多数是基于自身办学优势提供的特定老年教育资源，例如职业院校的老年人力资源开发、科技馆的老年信息技术教育、老年人游学组织的同伴学习等。既然是依托原有办学资源拓展的老年教育公共产品，这就涉及如何处理主要职责与次要职责的辩证关系。例如各级各类学校教育的首要职责为教书育人，为何还要针对老年群体供给学习资源，难道不会挤占本就有限的教育资源？回答这个问题需要从学校功能定位出发，在教书育人基础上开展社会服务，本来就是办学职能的重要组成部分。第三空间路径兼具拓展自身功能过程与丰富老年教育资源供给的双赢效果，促使育人价值与服务社会发展价值得到和谐统一。在"合法的边缘性参与"老年教育活动，使第三空间路径主体服务经济社会发展的功能得到拓宽，推动指向不一的办学功能得以高度协调，进而无限接近"办人民满意教育"的高质量发展目标。例如，职业院校供给老年教育资源并非单向的"无私奉献"，还能在终身职业技能培训能力、养老人才培养能力以及社会美誉度等方面获得较大"收益"。

（三）以构建特色老年教育体系与完善老龄事业为制度追求

国内制度化老年教育起源于 20 世纪 80 年代，是面向退休干部开展的老年大学活动。但是，随着经济社会的发展以及终身教育体系的驱动，老年教育资源供给呈现"二两分天下"格局，即老年大学系统与第三空间路径成为老年教育资源供给的核心主体。基于统整融合视野审视第三空间路径内部逻辑与外部关系，继而建构以引领老年人发展为追求的学习服务支持体系，这个空间生产过程是在总体性逻辑基础之下铺开的自组织开放系统，通俗地说，就是形成了一种区别于政府主导和市场主导的第三空间老年教育资源供给模式。探索老年教育资源供给第三空间路径的属性、特征、标准、内容以及评价等基本理论，这一过程实质就是寻找中国特色老年教育资源供给范式的一种积极尝试。加之第三空间天然具有的弥散性与渗透性等特征，思考其内涵的同时必须梳理政府主导、市场主导和第三空间的辩证关系。总之，学理探源与政策架构都不是无的放矢地随意为之，最终指向都是为了构建符合中国国情且能体现中国特色的老年教育制度框架。另外，单论第三空间路径对构建老年教育体系的功能作用，依旧会陷入姓"老"还是姓"教"的窠臼。实际上，老年教育兼具教育属性和老龄事业属性，既要从终身教育视野审视，又要兼顾其作为老龄事业组成部分的定位。第三空间路径调动一切可以调动的社会资源以减少老年人发展障碍和改善老年教育环境，呈现的"包容性和可达性"[1]，本质上也属于建设老年友好型社会的行动策略。因此，具有中国特色的老年教育体系以及适老化老年友好型社会是第三空间路径发展的制度建构愿景。

第五节　实现策略

基于统整思维构建的第三空间路径模型，并不是一个理论自足和实践自动的自由落地过程，需要在理念融合、制度架构、政策扶持和平台支撑等方面进行优化，为第三空间路径由理论构想转化成实践创新提供制度保障。

一、理念融合：基于统整思维全局性设计老年教育资源

尽管"活到老学到老"似乎已成为一种广泛认可的社会常识，但是这种常识目前看来仅停留在最基本的自主学习层面，老年个体需不断努力适应社会变化才不至于落伍。但从法律层面看，学习权利是每一位公民所享有的基本权利，可整个社会认知以及政策导向都在强调青少年教育的重要性。成人教育尤其是老年教育一直处于"非常"边缘地带，只有在呼吁"终身教育"理念时才能短暂凸显"存在感"。进一步来看，社会民众甚至公职

---

[1]　胡庭浩，沈山. 老年友好型城市研究进展与建设实践[J]. 现代城市研究，2014，29（9）：14-20.

人员在提到老年教育时，更多地把重心放在老年大学系统，至于中小学校、职业院校、公益组织等第三空间路径开展的老年教育似乎经常成为不在场的在场者。更有甚者，教育行政管理人员以及第三空间路径管理人员在思考老年教育资源供给侧改革时，更多地从本位主义出发，或者秉持自身办学定位为重而拒绝提供老年教育资源，或者立足自身办学的社会服务功能秉持"可有可无""往自己脸上贴金"等理念开展老年教育活动。因此，转变观念是有效推进老年教育供给侧改革第三空间路径的"牵引工程"，第三空间主体、教育行政管理人员以及社会大众等利益相关群体，理应站在老年人持续发展需要以及老年教育整体观正视第三空间路径的多维度功能，进而形成理念共识，促进发展合力的思想障碍得以有效破除。

二、制度架构：基于国情特色构建开放多元的老年教育体系

仅停留在认识层面似乎无法实质上推动第三空间路径内在能量的有效发挥，还需强调顶层设计的制度架构作用。第三空间路径开展的老年教育活动虽然有一定的独特性，但也隶属于整个老年教育体系。但是，现实情况是第三空间路径所进行的老年教育供给侧改革，并不是基于整个老年教育体系建构的全局视野，更多的是立足于所属类型教育而进行的略显随意之举。破除这种"施舍型"资源供给模式，需将第三空间路径作为老年教育体系建构不可或缺的要素，使其成为整体的一部分并具有整体的全部属性。虽然我们早已宣称基于终身教育思想建构了覆盖幼儿教育到老年教育的国民教育体系，但由于老年教育自诞生之日起就具有的"先天不足"以及发展过程中定位不清等因素的综合作用，导致目前仍未形成范畴明确、权责明晰、机制顺畅、内容丰富的老年教育体系。总之，构建具有中国特色的老年教育体系是第三空间路径改革的制度保障，"通过体制机制创新，增强和解放社会活力参与老年教育"[1]。首先，顶层制度设计重在凝练中国特色老年教育的话语体系和思想体系。根据老年教育作为终身教育体系组成部分及其实践发展经验，在价值论、

---

[1]　叶忠海. 中国老年教育发展的若干基本问题[J]. 河北师范大学学报：教育科学版, 2017, 19（5）：47-50.

目的论、功能论和方法论等方面深化老年教育作为一种独立学科的基本内涵。其次，中层制度设计重在理顺老年教育管理体制。《意见》明确由"教育部门牵头研究制定老年教育发展政策举措"，强化教育行政部门在老年教育体系建构中的专业指导作用，进而理顺老年教育管理体制，推动"九龙治水"向"一统天下"的制度转换，促进既姓"老"又姓"教"的老年教育内外部关系得到有效协同。最后，底层制度设计重在畅通运行机制。第三空间路径的主管部门、办学性质、发展基础等存在较大差异，底层制度设计应聚焦老年教育实践场域，围绕老年教育资源最大化增值发展的中心议题，从多方联动、标准统一、错位优势等方面形成运行高效的协同机制。

三、政策扶持：基于公益性原则完善政策支持系统

第三空间路径供给老年教育资源具备灵活多样特征是建立在不同供给主体既有办学优势基础上，如何在有限总量资源范畴内处理好主次关系，成为第三空间主体必须考虑的现实问题。欲使第三空间路径的老年教育供给侧改革能够持续下去，仅靠"义务性倒贴"难以可持续发展。由于老年教育的准公共产品属性决定了公益性系其首要导向，故不能单纯依靠市场机制进行自由调节，必须要有系列优惠政策作后盾。一是机制协同模式。第三空间主体多数需要整合相关力量供给老年教育资源，此时构建协同机制就需要政策支持以打破制度樊篱。例如，重庆市科协、市委宣传部、市教委、市民政局、市文化旅游委、市卫生健康委联合下发《关于创建老年科技大学实施智慧助老行动的意见》，依托重庆科技馆、市老科协、市科普研究会等第三空间主体提供数字技能类课程与健康常识类课程等学习资源。二是项目引领模式。无论是第三空间主体系统还是涉老部门，都可以结合自身职责设立专门项目，以激发第三空间主体积极参与老年教育的主动性。例如，《重庆市人民政府办公厅关于发展老年教育的意见》提出"实施职业院校老年教育中心培育计划"，在经费支持、专家引领、资源开发以及理论研究等方面产生了立体化效果。截至2021年，投入上百万经费免费发放42万余册老年教育教材、每年2万余名老年人参加中职学校现场体验式培训。三是评价促进模式。采取该模式并不仅仅是为了引领第三空间路径不断提升老年教育资源供给质量，更着重于以评价方式激励第三空间主体形成持续发展老年教育

的内生动力。将老年教育纳入教育督导范畴，强化提供老年教育资源作为高校等第三空间主体的社会服务评价要素，对参与师资的绩效工资、评优评先、职称晋升等合理利益关切予以政策支持。四是政府购买模式。"通过市场竞争、合同外包、定向委托等方式，以及出台税收减免、费用补贴等激励性配套政策，鼓励私营企业、高等院校、科研机构和民间组织等行为主体充分发挥自身在资源、资金、专业等方面的优势，协同推进老年教育公共服务的供给。"[1]

四、平台支撑：基于数据整合健全老年教育循证治理

空间零散与时间断续相互叠加的老年教育资源事实上分布于不同主体，但其体量和覆盖人群却没有一个准确而权威的数据。缺乏精确的官方统计数据，则在技术层面应如何考核、支持第三空间路径老年教育就成为一道无解的难题。因此，推动老年教育供给侧改革，亟须健全统计制度以增强平台支撑。首先，应完善老年教育统计制度，为第三空间路径老年教育发展提供精准数据支持。针对老年教育活动的特殊性开发相应的统计维度和统计指标，并纳入政府相关部门统计口径，建立包括第三空间路径在内的老年教育资源年度台账，使老年教育硬件资源、软件资源以及活动开展等各类数据得以分门别类地直观体现。其次，利用信息技术建立第三空间路径老年教育的大数据平台。在"互联网＋老年教育"背景下，通过区块链技术、人工智能技术等建立起专门的第三空间路径老年教育数据平台，可使不同主体在任何时间、以任何方式开展的老年教育活动得以实时体现，为引导和扶持第三空间路径老年教育供给侧改革提供精准大数据支持，如此，第三空间路径就能逐渐摆脱"游击队"式不规范定位，朝着专业化、系统化方向发展。最后，依托学分银行平台建设第三空间路径的老年教育标准体系。"区域性终身学习学分银行的基本功能是各类学习成果的认证、积累与转换，延展功能是各级各类教育机构的沟通与衔接，并在这一过程中实现资源共享，同时也包括支持弹性学制、自适应学习路径、多种学习场所等教育教学深

---

[1] 程仙平,赵文君,郭耀邦.老龄化背景下老年教育的转型升级：多重理论视角的审视[J].职教论坛,2016(15)：60-64.

层次改革的隐喻。"[1]依托现有学分银行体系，充分发挥其在第三空间主体协同、学员管理、资源共享以及教学改革过程中的制度遴选和标准引领作用。

[1]　吴南中, 夏海鹰, 姜伯成.区域性终身学习学分银行: 功能厘定、业务模型与推进策略[J]. 中国远程教育, 2020 (8) : 7-14, 76.

第二章　学校教育路径供给老年教育资源

古往今来，没有任何一个时代像 21 世纪这样，人们都谨慎而又惴惴不安地面临老龄化时代的到来，这意味着人们在长寿的同时还要不断地接受教育和学习，才不会在剧烈变化的时代发展中落后。21 世纪既是人类长寿的时代，同时也是终身教育蓬勃发展的时代。教育已不再是年轻人的权利和义务，它也拓展到老年人，是贯穿人一生的责任。"即使在不久以前，老一代仍然可以毫无愧色地训斥年轻一代：你应该明白，在这个世界上我曾年轻过，而你却未老过。但是，现在的年轻一代却能够理直气壮地回答：在今天这个世界上，我是年轻的，而你却从未年轻过，并且永远不可能再年轻。"大约半个世纪以前，美国人类学家玛格丽特·米德通过对人类文化传播、发展和代沟的研究，在专著《文化与承诺：一项有关代沟问题的研究》中早已洞见到人类代际文化传播的基本样态，其观点也逐渐为当今社会发展所证明。在终身教育时代，学校教育与老年教育的根本区别在于教育对象的不同。代际差异既是老年教育应正视的现实问题，同时也是一种重要资源。因此，在当今能源形式、通信手段、人性定义、宇宙开发、生老病死等人类赖以生存与发展的世界及其形式已经发生剧烈变化的信息社会里，如何正确看待学校教育与老年教育的区别与联系，挖掘代际差异所蕴含的教育资源，分析学校教育参与老年教育资源供给的优势，探索新时代背景下"养教结合"与"教育养老"的新思路，进而构建终身教育视角下学校教育参与老年教育资源供给路径，推动老年教育发展都具有重要的理论价值和现实意义。

第一节 学校教育供给老年教育资源的依据与意义

一、学校教育供给老年教育资源的依据

所谓学校教育参与老年教育资源供给，是指以知识传授、学生全面发展为目的的学校教育，为我国老年教育事业发展提供师资、环境、文化等方面的资源支持，探索"教育养老"的积极老龄化新路径、新思想、新模式，推动我国学习型社会建设，构建具有中国特色的终身教育发展体系。

（一）理论依据

21 世纪既是全球人口老龄化的时代，同时也是人类社会进入知识信息化的时代。终身教育与学习型社会的不断发展，教育对象逐渐突破年轻一代"学校教育"的局限，逐渐拓展为贯穿人一生的教育，终身教育与终身学习已经成为国际教育理念的共识。但是，随着时代的发展，人们对终身教育的理解和认识也不断地向纵深方向发展，逐渐打破传统教育理念下学校教育与成人教育、学校教育与老年教育之间的壁垒，为人们重新理解老年教育的内涵提供了全新的视角，为探索学校教育参与老年教育资源供给提供了新思路。众所周知，最早明确提出"终身教育"概念的是法国教育学家、"终身教育之父"保罗·朗格让。保罗的终身教育理念，是一种"成人"教育理念，并通过对"成人"教育的探索，重构人们对终身教育理念下对学校教育的理解。他在《终身教育导论》的序言中阐述了对成人教育与学校教育的理解："成人教育对作为整体来讲的教育所做的贡献也是有决定意义的，也是不可代替的……通过成人教育，教育的本色得以显露，即成为交流和对话的过程。在这个过程中，对话双方根据各自的身份，特殊的成就和才干参与对话并有所贡献，而不像以往那样只根据一种特定的方式""成人教育是在自由中，为了自由和通向自由所进行的教育"[1]。保罗的终身教育理念打破了传统教育理念下学校教育与成人教育的界限，

---

[1] 保罗·朗格让. 终身教育导论[M]. 滕星，滕复，王箭，译. 北京：华夏出版社，1988：17-18.

从根本上讲，两者都是为了"成人"教育，成为自由、民主的现代公民的"人"。而这种终身教育理念，早已出现在20世纪初杜威的民主教育思想中。

教育不应该在一个人离开学校后就停止，学校也不应只为儿童和青少年等年轻一代服务，学校还应向社会开放，供成人进修，以实现个人一生持续不断的经验的自我更新。"生活的延续只能通过经久的更新才能达到，生活是一个自我更新的过程……人类联合的每一种方式，它的长远意义在于它对改进经验的素质所作出的贡献，这一事实，在对付未成熟者时容易认识出来。换言之，虽然每一种社会安排在功效方面都具有教育性，但是教育效果首先成为与年轻人和年长者的联合有关的联合的目的的重要部分[1]。"因而，在终身教育和学习型社会不断发展的时代背景下，学校教育参与老年教育资源供给的优势首先表现在学校教育与老年教育在教育本质上的融会贯通。学校教育参与老年教育资源供给在终身教育背景下具有天然的"教育性优势"，老年教育从根本上讲是学校教育在教育对象上的一种自然延展，老年教育与学校教育的根本区别在于教育对象的不同——年轻一代与年长一代。从这个意义上说，当前学校教育参与老年教育或者老年教育融入学校教育的首要障碍在于理念上对老年教育的理解。

传统意义上对老年教育的理解多是从社会救济和福利制度的视角探讨老年教育的发展，这种思维模式可以总结为两种老年教育观点：第一种"老年教育是养老教育"——为了解决老年人贫困问题，老年教育其实是对即将退休或已退休人员所进行的养老教育；第二种"老年教育是休闲教育"——为了帮助老年人打发退休后的闲暇时间，将老年教育视为减轻边缘化、孤独感，对退休人员进行丰富的休闲生活教育。这两种观点常见于发达国家在老年教育发展初期的理解。当前，国际上对老年教育的主流理解同样可以总结为以下两种观点：第一种"老年教育是潜能开发教育"——老年人是丰富的社会资源，老年教育不仅作为老年人获得丰富和富有意义的生活途径之一，而且是让老年教育作为帮助老年人发挥潜力，使之成为改善社会的源泉的一种手段；第二种"老年教育是参与适应教育"——

---

[1] 约翰·杜威. 民主主义与教育[M]. 王承绪, 译. 北京: 人民教育出版社, 2001: 14.

老年人有参与社会发展的权利，有权充分参与发展进程，享有发展进程的成果。老年教育被视为保障老年人接触、参与社会，适应技术和社会变革的教育活动[1]。后两种观点充分体现了终身教育时代老年教育的根本属性与特征，为老年教育的未来发展指明了方向。但遗憾的是，这两种观点都仅仅孤立地探讨了老年教育的内涵，却忽视了老年教育与其他类型教育的联系。例如，老年人作为一种丰富的社会资源，可通过何种途径去挖掘和丰富这种资源？这凸显了学校教育在终身教育时代参与老年教育资源供给的第二优势：为老年人的潜能开发提供沃土和路径支持。

自 2016 年国务院办公厅颁布《规划》以来，我国各省（区、市）在老年教育政策与实践的探索为构建学校教育参与老年教育资源供给路径上提供了政策框架和实践依据。而在理论研究方面，通过学校教育推动养老事业的发展，构建新时代积极老龄化的"中国实践模式"已受到越来越多的学者和社会的关注。但是，学界对学校教育参与老年教育资源供给的主题研究并不多见，主要集中在"教育养老""积极老龄化"以及老年教育资源供给三个主题上。

"教育养老"作为一种养老新形式越来越受到学者们的关注。陕西师范大学吴燕博士率先对"教育养老"进行了系统的研究和论述，并且认为"教育养老是更高层次的养老方式[2]……养老作为提高养老精神生活质量，发展老年教育的新途径已明确提出"。华中科技大学教授王三秀认为，教育养老是新时代我国养老事业和养老教育构建"积极老龄化"社会的新思路和新模式，对于推动我国养老事业和老年教育具有新的理论契机。"积极老龄化"理念在 2002 年联合国第二届老龄大会上提出以后，瞬间吸引了全世界人们的关注和研究。该理念的提出，揭示了国际社会对老年人在思想观念方面的根本转变，"老年人是一种重要资源"的理念得到了国际社会的认同。学界也纷纷从多个视角探讨"积极老龄化"对养老事业和老年教育发展的重要意义。学者们从代际学习、社会参与、老年人自我保障等方面探讨了如何在新时代背景下，重塑老年人的观念，重视和利用老年人本身

[1]　叶忠海.老年教育若干基本理论问题[J].现代远程教育研究，2013，25（6）：11-16，23.

[2]　吴燕.教育养老的制度设计及其实现路径研究[D].西安：陕西师范大学，2016.

蕴藏的教育、社会、心理资源，推动养老事业和老年教育的发展。老年教育需求与资源供给不足之间的矛盾一直是制约我国老年教育发展的现实问题，故老年教育资源供给就当仁不让地成为我国老年教育研究的重要主题。学者们从老年教育资源供给的方向、路径及保障机制，老年教育资源的内容、形式和管理体制等方面探讨了老年教育资源开发、供给和保障等一系列问题。随着研究的深入，学者们越来越深刻地意识到学校教育所拥有的师资、环境和文化资源对于丰富老年教育、促进老年教育发展的重要意义[1]。

总体来说，"教育养老"从理论上为学校教育参与老年教育提供了理论路径的支持，学校教育在参与老年教育资源供给上具有天然的路径优势；"积极老龄化"理念的提出，为转变老年教育发展理念提供了新的理论视角，实际上为老年教育与学校教育的资源融合提供了理念上的转变，尤其是老年人自身拥有的文化资源和教育资源对年轻一代的重要意义；老年教育资源需求与供给之间的矛盾从现实角度推动了学界对学校教育参与老年教育资源供给的关注，为构建新时代学校教育与老年教育资源共享平台奠定了现实基础。当然，在实践中，学校教育参与老年教育资源供给方面还存在一系列的现实问题和困境，需要我们进一步研究和探讨。

（二）政策依据

学校教育参与老年教育资源供给不仅在终身教育的时代演变上具有理论上的优势，而且从我国教育法律、法规的历史演变来看，在国家教育政策顶层设计上为学校教育参与老年教育资源供给提供了政策依据。1995年，全国人大通过的《中华人民共和国教育法》（以下简称《教育法》）第十一条规定："国家适应社会主义市场经济发展和社会进步的需要，推进教育改革，促进各级各类教育协调发展，建立和完善终身教育体系。"第四十一条规定："国家鼓励学校及其他教育机构、社会组织采取措施，为公民接受终身教育创造条件。"1996年，全国人大常委会通过的《老年人权益保障法》第八条指出"国家进行人口老龄化国情教育，增强全社会积极应对人口老龄化意识。全社会应当广泛开展

---

[1] 毛建茹, 胡丽亚. 基于需求的老年教育载体分层设计与运行策略[J]. 成人教育, 2017, 37（7）：36-40.

敬老、养老、助老宣传教育活动，树立尊重、关心、帮助老年人的社会风尚。青少年组织、学校和幼儿园应当对青少年和儿童进行敬老、养老、助老的道德教育和维护老年人合法权益的法制教育。"并且指出，在老年人自愿和量力的情况下，鼓励老年人"对青少年和儿童进行社会主义、爱国主义、集体主义和艰苦奋斗等优良传统教育；传授文化和科技知识"等活动。可见，不管是《教育法》还是《老年人权益保障法》，都在法律条文上为学校教育与老年教育的融合提供了法理基础。

在国际上，2002年世界卫生组织在联合国第二届老龄大会上提交了《积极老龄化——政策框架》报告，将"积极老龄化"确立为全球应对老龄化问题的基本战略，并提出了相应的实践策略和建议。"积极老龄化"认为：老年人的基本权利应当得到尊重，以老年人独立、参与、尊严、照料和自我实现为基本原则，积极鼓励和支持老年人融入社会，参与社会生活。"积极老龄化"理念的提出，从根本上体现了对老年人的重新认识和定位。事实上，老年人拥有丰富的知识和技能、厚实的人生经历和经验，以及巨大的发展潜能。老年人积极参与社会不但有助于自身养老生活条件的改善，更是促进社会发展的一支重要力量。"积极老龄化"的提出，意味着"老年人是一种重要资源"的认识在国际社会已经达成了一种广泛的共识[1]。2003年伊始，我国开始组织发动以老年知识分子发挥科技知识和业务专长援助西部地区和本地欠发达地区为主要内容的"银龄行动"。2006年，《中国老龄事业发展"十一五"规划》首次明确提出要努力探索实现"老有所为"的新形式，标志着中国"老有所为"政策的发展再上新台阶[2]。国家层面"银龄行动"和"老有所为"政策的出台与发展，在一定程度上改变了社会对老龄化问题和老年人的认识，引发了地方政府、社会组织以及学界探索养老事业发展的新途径和新形式。

我国老龄社会的"未备先老"和"未富先老"特征越来越受到国家层面的关注，相应出台了一系列相关政策推动养老事业和老年教育的发展。2013年9月，国务院印发《关

---

[1]　梅陈玉婵，南希·莫罗-豪厄尔，杜鹏. 老有所为在全球的发展：实证、实践与实策[M]. 北京：北京大学出版社，2012：24-25.

[2]　杜鹏，王菲."老有所为"在中国的发展：政策变迁和框架构建[J]. 人口与发展，2011，17（6）：34-38.

于加快发展养老服务业的若干意见》，对教育部门参与和支持我国养老事业进行了任务分工的指导：鼓励相关高等院校和中职院校增设养老服务相关专业和课程，扩大人才培养规模。2016 年，《国务院办公厅关于印发老年教育发展规划（2016—2020 年）的通知》则进一步明确要求普通学校教育应参与和支持养老教育工作，积极"促进各级各类学校开展老年教育"。《老年教育发展规划》的颁布为教育部门参与国家养老事业发展，推动老年教育进步提供了核心的政策支持。其中，直接涉及学校教育对老年教育在资源、人才开放等方面的一系列具体要求，为学校教育参与老年教育资源供给方面提供了政策上的依据和优势。

从近几年国家有关养老问题和老年教育政策的导向及趋势上看，我国对老龄化问题的认识逐渐由单纯养老走向通过挖掘老年人发展潜力，以实现"养教结合"，并不断探索和构建终身教育和学习型社会背景下老年教育的新思想、新路径、新形式。

（三）实践依据

从教育的历史缘起上看，学校教育参与老年教育具有天然的实践优势。众所周知，"庠序之教"是我国古代最早的学校教育形式，其中"庠序"是我国最早的学校雏形。我国古代社会早在虞舜时期就有了"庠"的教育机构，据《三礼义宗》记载："有虞氏之学名庠。"从字形上看，庠从广（房舍）、从羊（牛羊）；从字义上看，庠是饲养牛羊的地方，或者认为是藏米的仓廪，后来逐渐演变为养老与教育儿童的专门场所与机构。进入奴隶社会，逐渐出现了"序"的教育机构，据《礼记·明堂位》记载："序，夏后氏之序也。""序"原为习武的场所，建筑物只有东西两面墙壁，是练习射箭的场地。基于此，"庠序"在古代就成了学校的代称。孟子曾解释："庠者，养也""序者，射也"。"庠"为养老之所，"序"乃习射之地，可见"序"带有明显的武士教育特点。习射是夏代重要的教育内容。射须遵循长幼先后之序，所以习射时必须兼以习礼，可由射而观德。因习射兼以序齿，故以"序"名其学。到了商代，"庠序"的分工逐渐消失，成为专门的学校机构，有的地方设"庠"，有的地方设"序"，其目的皆在于进行礼乐教育，明君臣之义、长幼之序。至西周，则把"庠序"统称为乡学，成为地方学校的一种。古籍中对"庠"和"序"的出现时间，有不同的看法。孟子认为"殷曰序，周曰庠"；《说文解字》认为"殷曰庠，周曰序";而《礼记·学记》却认为"党有庠,术有序";即指西周时期既有庠,又有序,庠设于党,序设于术(乡遂)。上述说法各异,但"庠"与"序"皆为教育机构,是比较一致的。所以后人统称"庠序"为乡学,或用"庠序"统称学校或教育事业[1]。"庠序"作为我国古代学校教育的起源,揭示了教育的最初形式——即通过老年人向儿童和少年一代传授知识、经验和文化。可见,早期的学校教育养老与教育是合为一体的,也就是说,从起源上看,教育与养老事业是合二为一的。

对学校教育源起的考察,还给我们带来另一启示,即学校所拥有的丰富教育资源为学校教育参与老年教育提供了天然的实践优势。在环境资源上,各级各类学校所拥有的场地、图书馆、设施设备等资源,可以为老年人提供便利化的学习支持,能够有效吸引老年人的学习需求。近年来,关于教育的公共财产属性,尤其图书馆是否应当向社会开放已经提上了立法日程。从这一点来看,学校教育拥有参与老年教育资源供给的天然优势;在课程资源上,普通高等院校和职业院校除了可以为养老事业提供人才资源外,还拥有丰富的专业课程资源,可以为老年教育提供丰富的课程支持和教学资源。特别是艺术类、医药卫生类、师范类院校以及开设了养生保健、文化艺术、信息技术、家政服务、社会工作、医疗护理、园艺花卉、传统工艺等专业的职业院校,可以结合学校特色开发老年教育课程,为老年教育提供丰富的课程与教学资源;而对于中小学来说,老年人本身就是一种丰富的教育资源,可以充分发掘其智力、经验、技能和文化知识,为其参与中小学教育和经济社会活动搭建平台、提供教育支持,使老年人充分发挥"教育余热",并在教育中实现自身的发展与再教育。

二、学校教育供给老年教育资源的意义

学校教育助力老年教育发展并不是一个新鲜事物或者新观念。早在 20 世纪末,随着终身教育思想的发展,人们开始关注和探讨老年人受教育的权利,批判教育领域存在的

---

[1]　张焕庭. 教育辞典[M]. 南京:江苏教育出版社,1989:795.

"资源浪费"论[1]，率先推动了高等教育参与老年教育的资源供给。然而，要推动学校教育全面、深入地参与老年教育资源供给，需要重构新时代对两者关系的理解，深入分析其对老年教育和学校教育发展的意义和价值。

（一）文化的代际交往：新时代老年教育内涵的重新解读

教育始终是以人为最终目的，是人类文化习得、传承、发展的重要途径和手段。对人的思考不能仅仅关注个体的发展，而应从人类的视野审视人的发展。在当前信息技术高度发达，人类文化变迁和更新速度远远超过以往任何时代的背景下，对教育的考察应当超越对个体"生存手段"的关注，而转向人类"生存本身"。即对教育功能的理解，不应只关注教育在传递人类文化与经验过程中的效率及其工具价值，而应更多地思考教育对于人本身和人类发展的意义，将学校教育与个体和人类存在与发展联系起来。从人类文化传承和发展视角来看，教育是个体和人类存在与发展的本身。换句话说，教育是人类生活方式的文化本身。那么，在新时代背景下，如何在人类文化习得、传承和发展中实现"作为生活方式的教育"呢？

传统观念对教育的认识往往关注学生同辈之间的交往[2]，却忽视了人类代际之间的文化交往和传递。随着人类"老年文化"的觉醒，人们逐渐意识到老年人在享有继续教育的同时，其本身就是不可忽视的教育资源，甚至可以说在一定程度上凝结了上一"时代"的文化经验。所以，代际文化交往与传递也应成为教育关注的重要内容。事实上，美国人类学家玛格丽特·米德曾在半个世纪前提出在老年人和年轻一代之间存在"代际"文化传播理论——"三喻文化"说，对人类"代际"文化传递的基本模式进行了系统的研究和探讨。所谓"三喻文化"，就是前喻文化、同喻文化（并喻文化）和后喻文化的合称。其中，前喻文化（Prefigurative Culture）又称老年文化，主要是指晚辈从长辈处习得的文化；后喻文化（Post-figurative Culture）又称青年文化，则正相反，主要是指年轻一代将文化传

---

[1] 杨德广. 普通高校的继续教育应着力发展老年教育[J]. 终身教育研究, 2017, 28（6）: 23-31.

[2] 师生之间的交往尽管看上去教师代表着人类文化的"权威"，但是交往的教育本质观的基本假设是师生平等，并没有从代际的文化传播探讨师生交往。

递给他们在世的前辈的过程；同喻文化（Cofigurative Culture）主要是指同辈群体成员之间相互传授、相互学习的文化。"三喻文化"说为我们理解年长一代和年轻一代的关系提供了全新的理论视角。在此基础上，米德进一步总结和论述了"代沟"理论：人们往往将代沟的产生归咎于年轻一代的"反叛"上，而在米德看来，也有年长一代在新时代的落伍；以往，尽管也有人强调两代人之间应相互沟通、交流和理解，但这种交流往往是从维护传统和老年人权益角度出发。米德认为，当代世界独特的文化传递方式以及快速发展和变幻的世界决定了在这种交流中，虚心接受教益的应该是年长一代。年长一代若不愿在时代洪流中落伍，就只有通过不断努力向年轻一代学习，因为今天的他们代表着未来。

在《文化与承诺》中，米德并不满足于提出了三种文化的传递方式，她以卓越的眼光重构了对人类学习的理解。她认为，比学习更重要的是"教育他人和贮存通过学习而从他人那里获得的知识的能力。"学习只是人类依赖性的一种表征，相对比较简单，而更为复杂的是人类构建的教育和教学制度、了解和利用自然资源的能力、管理社会、建立理想世界的能力。过去，我们对学习的理解主要聚焦于年轻人通过教育系统实现文化的传承与吸收新的知识，却忽略了年长一代的学习。我们必须"放弃前喻文化的养育方式，保留其中可资借鉴的并喻文化成分，发现那些能够通往未来世界的教育和学习的后喻之路。我们必须为成年人创设新的行为楷模，使他们能够告诫自己的孩子，怎样去学，而不是学些什么；告诫孩子承诺的价值，而不是应该对什么作出承诺"[1]。米德的三喻文化理论和代沟理论无疑为我们在新时代背景下重新理解老年教育的内涵、认识老年教育的价值、重构老年教育与学校教育的关系奠定了理论基础。在推动"教育养老"式"积极老龄化"理念发展，构建终身教育体系的背景下，学校教育与老年教育的根本区别在于教育对象的年龄差异，而从整个人类文化背景来看，学校教育参与老年教育本质上就是代际文化交往过程。

（二）终身发展：新时代学校教育的价值重构

在"教育养老"式"积极老龄化"理念的指引下，新时代赋予学校教育两个层面的价值和意义：一是学校教育作为构建终身教育体系的重要一环，必须发挥其应有的社会价

---

[1] 玛格丽特·米德. 文化与承诺：一项有关代沟问题的研究[M]. 周晓虹，周怡，译. 石家庄：河北人民出版社，1987：96-97.

值和人类意义；二是学校教育是学生全面发展与终身发展的基础，其根本任务与核心是实现人类文化的习得、习惯、传承、发展与创新。

第一个层面可以总结为学校教育的社会服务功能及价值实现。关于学校教育的社会服务功能的讨论可以说是一个历久弥新的话题，随着时代的发展，学校教育的社会功能也在不断地演化和变迁。从推动人类社会可持续发展来看，学校教育欲更好地发挥其社会服务功能，应着力于以下三个方面实现价值重构：一是学校教育必须为社会服务，这既是学校教育存在的外部动力，又是学校教育实现自我价值的基本路径。二是学校教育应对社会服务不应是一种被动选择，而应是一种主动引领。学校教育关涉的核心是人的发展与人类文明的传承，因此，学校教育的社会发展功能并不是附加值，而是由其本质所决定。三是欲实现学校教育的社会服务功能，学校教育必须先行实现自身发展理念和视角的转换。在新时代背景下，学校教育应保持自身独立的发展视角，以积极主动的姿态引领社会文化的发展。

传统观念对学校教育社会服务功能的探讨多集中于高等教育阶段和职业教育阶段，尽管有部分学者已经注意到老年教育与成人教育本身的社会服务功能，但总体上看，忽视了义务教育阶段社会服务功能的实现与发展。而在构建终身教育体系的背景下，要激活社会资源的充分参与，充分实现和引导义务教育参与社会服务与发展，构建完整的学校教育参与老年教育资源供给体系，推动学校教育社会服务功能的价值实现，是新时代构建终身教育体系的新的生长路径。

第二个层面则是回归学校教育的人类使命，探讨新时代背景下学生全面发展和终身发展的价值实现与意义彰显。学校教育是以人为最终目的，人的全面发展、人类文化的习得与传承是学校教育的根本任务。而从人类学和人类文化发展的角度来看"教育向来被视为文化习得和传播的重要手段……谁忽略了教育问题，谁就可能难以获得对人及其文化的整体认识"[1]。发展学生核心素养是我国学校教育改革与发展的重要内容，究其本质，核心素养是学校教育对"培养什么样的人"这一问题的时代回应，其实质是在"立德树人"的根本要求下教会学生"如何思考、如何做事、如何成人"，培养学生具备适应终身发展

---

[1] 李政涛. 教育人类学引论[M]. 上海：上海教育出版社，2009: 1.

和社会发展需要的必备品格和关键能力。其中，最关键的是培养和发展学生适应新时代背景的思维方式，传承人类优秀的文化传统，促进人类文明的发展进步。这一点，早在千禧年到来之前，原联合国教科文组织总干事费德里科·马约尔就指出"在朝向我们的生活的和行为的方式的根本变革而前进的过程中，在其最广泛的意义上教育起着一个决定性的作用。教育是未来的力量，因为它是实现变革的最有力的工具之一。我们要接受的一个最困难的挑战将是改变我们的思维方式，使之能够面对形成我们世界的特点的日益增长的复杂性、变化的迅速性和不可预见性。我们应该重新思考组织知识的方式，重新制订我们的教育政策和教学大纲"[1]。因此，构建终身教育体系，推动"教育养老"式"积极老龄化"理念发展，探讨如何更好地实现学校对人类文化的传承与发展，是新时代背景下学校教育应当回应的价值选择。

第二节　学校教育供给老年教育资源的现状与问题

学校教育支持和参与老年教育的重要价值和意义已经不言而喻，然而由于我国老年教育发展本身的实践问题以及学校教育的产品属性等理论问题的存在，客观来说，在一定程度上确实阻碍了学校教育参与老年教育资源供给，为实现学校教育与老年教育资源共享造成了现实的困境。

一、学校教育供给老年教育资源的现状

我国老龄化社会问题从理论预测逐步演变为紧迫性的现实问题，老年教育问题就是其中之一，其对社会发展的影响也逐渐凸显。各级各类学校供给老年教育资源是老年教育

---

[1] 这段话引自费德里科·马约尔为法国哲学家埃德加·莫兰提交联合国教科文组织的一篇文章——《未来教育所必需的七种知识》所做的序言。详见：埃德加·莫兰.复杂性理论与教育问题[M].陈一壮，译.北京：北京大学出版社，2004：4.

发展规划的重要要求，但是由于各种因素，供给力度后劲不足。

（一）学校老年教育资源供给的发展背景

国务院办公厅颁布的《老年教育发展规划（2016—2020年）》（以下简称《规划》）要求各省（区、市）结合本地区实际情况积极应对人口老龄化问题，重视和发展本地区老年教育事业，满足老年人多样化学习需求。《规划》颁布后，各省（区、市）纷纷响应，采取各种形式将老年教育列入本地区"十三五"规划（见表2.1），高度重视老年教育对地区经济社会发展的重要意义。

表2.1 部分地区"十三五"规划关于学校教育参与老年教育资源供给的有关规定

地区	内容
重庆市	扩大老年教育资源供给：支持职业院校、成人教育院校等学历教育机构挂牌老年教育学校，开展老年教育
上海市	鼓励社会各方参与老年教育：积极推动各级各类公共教育机构服务老年教育，鼓励普通高校、职业院校以不同形式参与老年教育，推进中小学校舍和场地资源向社区开放，鼓励学校教师和学生参与老年教育的志愿服务；促进公共教育资源为老年教育服务，鼓励和推动博物馆、体育场（馆）、图书馆、文化中心等社会公共设施参与老年教育，为老年人提供更多更好的学习场所
江苏省	促进学校开放：推动各级各类学校向区域内老年人开放场地、图书馆、设施设备等资源，为老年人便利化学习提供支持。充分发挥高等学校和职业学校继续教育功能，面向老年人提供课程资源，共享课程与教学资源。将高等学校和职业学校开展老年教育情况纳入继续教育工作目标考核
安徽省	促进各级各类学校开展老年教育：推动各级各类学校向区域内老年人开放场地、图书馆、设施设备等资源，有条件的学校可接收有学习需求的老年人入校学习。鼓励支持院校、培训机构等利用自身教育资源举办老年大学、老年学校、老年课堂。有条件的中小学可充分利用假期及课余时间，与当地老年大学（学校）实现场地、师资等资源共享
广西壮族自治区	构建完善的老年教育体系：全区各级各类学校应为老年教育提供有力支撑，鼓励高等学校和职业院校结合学校特色开发老年教育课程，积极为老年人、社区、老年教育机构及养老服务机构等提供学历教育、非学历教育、职业技能教育等多种教学资源和教育服务，不断丰富老年教育的内涵
广东省	扩大老年教育资源供给：促进各级各类教育资源共享。鼓励和支持各类高等院校提供和开发老年教育学习资源。推动非教育机构参与老年教育教学资源开发

从表 2.1 列出的各省（区、市）老年教育规划可以看出，不同地区的学校教育对"养教结合"方式参与老年教育资源供给的理解各有不同，参与的重点、形式、内容、程度等也不尽相同，但无一例外都高度重视学校教育支持、参与老年教育发展的重要意义和价值。

此外，四川省和成都市两级政府的政策实施较为典型和突出。2017 年，四川省下发《关于印发四川省老年教育发展规划（2017—2020 年）的通知》，次年成都市政府出台《关于加快老年教育发展的实施意见》，明确要求推进学校教育、社区教育与老年教育资源共建共享，提高老年大学（学校）供给能力和办学水平。在具体的实施过程中，不仅高度重视学校教育在老年教育发展理念和资源供给方面的参与，而且在课程资源开发、师资队伍建设、组织制度保障等方面为学校教育参与老年教育发展提供了政策引导和运行机制保障。

（二）学校老年教育资源供给的发展现状

1. 老年教育资源供给需求现状

我国老年教育本身在发展上呈现起步晚、类型少、公营多于民营的现状，其中最核心的现实问题则表现为老年教育需求高与资源匮乏之间的矛盾——场地设施有限、师资缺乏、课程教学资源严重不足等问题。以北京东城区为例："报名上老年大学，就像去医院挂专家号，名额放出来很快就抢光了，盯着电脑也报不上""周一到周五、早上到晚上，4 间教室课程排得满满的还是不够用。"北京东城区老年大学教师段浚川说，目前位于地坛附近的东城区老年大学有 2 000 多名学生，却仅有 4 间教室。10 年来，老年大学搬了两三次家，校舍紧张问题仍未得到解决。"现在每个班备选名单都排得很长，前面一个人'转学'或'退学'空出一个位置，后面的人才能递补进来。"段浚川说。每学期开学前，东城区老年大学都会贴出报名公告，在报名前夜，甚至有老年人半夜来排队，只为一个宝贵的名额。有数据显示，目前我国有超过 800 万名老年人在 6.2 万多所老年教育机构学习，但与 2 亿多名 60 岁及以上老年人口相比，仍然是杯水车薪[1]。中国人民大学老年学研究所副所长姜向群认为："退休人员快速增加，参加学习的热情十分高涨。但老年大学办学场地及设施严重稀缺，资金投入不够，供需矛盾突出。"

---

[1]　张凡. "学习是最好的养老"[N]. 人民日报，2018-11-15（009）.

2. 老年教育体制建设现状

老年教育的管理体制本身存在问题。各级老年大学(学校)分别由老干部门、民政部门、教育部门多头管理，缺乏统一归口管理体制。而老年教育的机构、编制、人员尚未按照公益教育事业单位配备，大多数老年大学没有事业编制和在职人员，甚至有的老年学校还缺乏规范化的市场管理[1]。据不完全统计，老年大学多归口组织部门，老龄委归口民政局，科技退休干部教育归口人事局，退休工人归口工会。多头管理的老年退休人群实际上呈现无"对口"管理，难以实现资源统筹。这种多头管理体制下，尽管国家高度重视老年教育问题，却依然存在教育观念陈旧、教育投入不足。在多数人看来，教育是学生阶段或者成年人阶段的事情，老年教育不过是养老的手段罢了[2]。这种多头管理体制很难由教育行政管理部门实现资源的协调与统筹，从而成为制约学校教育参与老年教育的一大难题。

3. 学校教育供给老年教育资源情况

在学校教育方面，由于教育的产品属性难以确定，例如，义务教育、高等教育以及职业教育到底属于公共产品还是非公共产品？学界尚未达成统一共识。这就使学校教育参与老年教育的形式、程度和内容受到了客观限制。相应地，各地区在制订政策和实施方案时就表现出形式多样、程度参差不齐的学校教育参与老年教育的资源供给现状，为我们探索和构建学校教育与老年教育资源共享的"教育养老"理念造成了理论上的难题。

无论是高校还是中职院校，相关工作人员提到的高频词包括教师、场地、学术活动等，表明学校确实在支持老年教育的过程中提供了教师、场地、学术资源等资源服务，有效地缓解了学校周边社区老年教育师资和场地不足的问题。但是具体到教学方面，没有专门供给机制的固化，无论是教师还是场地，都是利用学校教育空隙为老年群体提供教育资源，所开放资源并不主要面向老年群体，而是对已有资源的调整，从整体上看开放的范围与深度都是有限的。

---

[1] 姚雪青,贺林平. 老而好学,如何让银龄生活更丰富(一线调查·老有所学)[N]. 人民日报,2018-10-24(006).

[2] 胡晓,赵鹏程. 老年教育事业发展的制约因素与对策[J]. 求索,2009(2): 160-161, 119.

二、学校教育供给老年教育资源的问题

（一）基于社会服务的供给意识不足

大部分高校教师认为高校的重点应是培养高素质人才和进行科学研究，对于利用高校各类资源开展老年教育，发挥社会服务功能持消极态度，认为这纯属"额外"服务性质的教育。中职院校教师则认为中职院校的主要目的在于培育技术技能人才，而老年教育资源供给纯粹是完成学校的社会培训任务，故通常坚持"两不原则"，既不影响正常教学，也不抢占校内资源；且技术技能人才培育导向对老年教育的"闲暇"教育开放动力不足。其根本原因在于对老年教育认识的偏差，认为老年教育就是对老年人的一种福利，加之目前老年教育尚未成为一种正式教育，国家相关投入不足，高校开展老年教育基本上属于无偿服务，难以调动积极性。上述认知偏差导致高校和中职院校普遍对老年教育不重视，在资源整合和共享方面困难较大。

（二）体制机制壁垒阻碍了学校的全面介入

学校教育属于正规教育范畴，老年教育作为成人教育的重要组成部分属于非正规教育。从整个教育体系来看，我国以正规学校教育为核心的国民教育体系已经比较完善、比较强势，而国民教育体系之外的非正规、非正式教育相对而言则显得比较薄弱、比较弱势[1]。

当前，学校层面供给老年教育资源的主要是中、高职院校和普通高等院校，而成人高等教育、职称教育等教育制度并未成为老年教育的重要支撑。在终身教育时代，学校教育融入老年教育，具有重要的关联意义，但是在供给老年教育资源时介入得非常浅，二者在运行机制、举办方式、参与主体、目标取向等方面长期分属不同"轨制"。当前，作为正规教育的学校教育体系融入非正规教育，为老年教育提供资源供给还存在许多体制机制壁垒，其独立的学历人才培训机制与社会化的老年教育培训机制融合困难。

首先是目标制度。高等教育的科技创新、学术研究等仍然是主要目标，我国老龄化

---

[1] 沈光辉,陈晓蔚. 正规教育融入终身教育体系若干问题探讨[J]. 福建论坛:人文社会科学版,2013(5): 180-185.

社会的到来，"积极老龄化"、终身教育理念并未形成全社会共识，而服务社会目标次之，这导致供给老年教育资源的内生动力严重不足。其次是实施制度。学校教育与老年教育并未形成不同专业、课程和学分之间的衔接和互换机制，且尚未建立教育资源有机整合制度。再次是考评机制。学校教育与老年教育目标迥异，评价目标自然也不一致，老年群体作为成人特殊对象而存在，也无法建立起纵向贯通的终身教育评价机制。最后是保障机制，主要包括师资队伍、经费保障机制等，老年教育发展规划和学校国民教育体系规划是两条线，始终未进行统筹规划，各种资源保障制度仍然是"两张皮"。

由于我国老年教育价值认识等方面的不足，老年教育仍然更多地定义为老年休闲教育、职业技能教育，而中高职学校和高等院校都有自身独特的办学模式，学校学科（专业）丰富，能够供给的课程教学资源非常丰富，但是中小学校除了办学场地以外，在课程教学资源和师资等方面的供给都非常有限，因此，普通中小学校参与老年教育资源供给更是严重不足，其资源供给方式有待进一步探索。

（三）教育资源开放具有不可兼容性

学历教育学校的工作重心长期放在学历教育，对成人教育不重视，在高校资源分配和使用上，老年教育等社会教育并未获得必需的资源配置，主要表现在场地和师资方面。首先是教学场地和设施开放程度。同基础教育学校不同，高校师生活动具有较大的自主性，对校园教育资源的使用具有一定的不可控性，向老年教育群体开放资源则进一步充满了不确定性。其次是教师参与程度。学校教师平时的主要任务以日常教学和科研为主，部分参与老年教育的教师主要也是利用业余时间，是基于自身对老年教育的热情，而且不具有可持续性。他们为老年教育准备的教学内容过于专业化，教学方式则以知识传授的讲授式教学为主，结果导致教学质量不能尽如人意。

（四）课程与教学资源供给与老年教育需求适应性不足

一是课程内容不全面、结构化衔接不够。学校教育系统供给的老年教育资源主要以休闲娱乐、养生保健等通识性知识为主，而技术技能培训、家庭教育、地方特色文化教育、社会服务技能培训、退休后职业生涯规划教育等方面的资源供给明显不足。从总体上看，资源越来越多，但是需求量却在降低，造成结构化失调，这既有对"积极老龄化"、老年人力资源价值的认识不足，也有对老年教育学习需求缺乏深入了解有关。二是教材开发专业性与系统性不足。大多数教师都是利用学校在校生的学习教材作基础，或者从网上下载一些学习材料复印给老年人使用，但这些学习材料在内容和形式上并不完全匹配老年人的学习需求和特点。三是课程教学专业性评价不足。当前老年教育研究对老年教育的价值、目的、学习心理等开展了大量研究，但是这些研究并未深入学校供给老年教育的过程，当前的教学活动并未形成一个循环机制，以致对教学效果评价的研究相对缺乏。

第三节　学校教育供给老年教育资源的案例与经验

学校教育供给老年教育资源从政策制订到政策实施，从理论到实践的过程发展缓慢，社会面仍然不足，但是随着老龄化社会的日渐加剧，各地多点实施，也作出了不少有益的探索，对于以点带面推动学校教育供给老年教育资源有着重要的推广价值与作用。

一、学校教育供给老年教育资源典型案例

（一）普通高校供给老年教育资源

1. 华南理工大学"三位一体"供给模式

华南理工大学老年大学的办学经验为学校教育参与老年教育资源供给提供了典型的实践模式。2009年，华南理工大学时任主管领导、校离退休工作处和离退休教工协会在认真贯彻中央文件精神，大力推进教工活动中心建设的基础上，为老年大学筹建和开办提供了保障。学校投入近2 000万元经费建设教工活动中心，2010年3月落成，建筑面积5 500平方米，拥有3个多媒体课室、4个普通课室可供老年大学使用。同年9月开始招生，采取以学养学模式，华南理工大学主要负责经费投入，低学费、低成本运作，保证了华工老年大学正常工作的整体运行；采取离退休工作处—老年大学—活动中心"三位一体"的管理体制，不仅资源共享、人力共用，大幅度降低了成本，而且优势互补，提高了工作效

率，是值得推广的老年大学"高性价比"管理模式；根据老年人需求，结合华南理工大学自身课程教学和专业教育资源开设老年教育专业课程，组织课堂教学[1]。华工老年大学自 2014 年以来，招生人数不断增长。"华工老年大学有 4 位老师，分别来自华南理工大学的艺术学院与机械学院，分别教授声乐、钢琴、舞蹈、电脑等 15 门课程。"华工老年大学还让部分高校学生参与课程的教学与互动。在传统文化研修班教学中，华工学生社团"励行社"学生与老年大学学员们一起上课，获得老年学员们的一致好评。"因为课程本身是传统文化教学，这种模式也营造了尊老爱幼的氛围，呼应了课程主题。"此外，手机应用班、网球班等课程也邀请学生社团与学生志愿者参与，让老年学员们与青年学生一起互动交流[2]。

2. 上海交通大学老年大学

上海交大老年大学创建于 2000 年 5 月，为适应上海社会深度老龄化的形势，始终坚持创办同上海交通大学百年名校品牌相适应的一流老年大学的理念，积极改革创新、开拓进取，使学校的办学条件、办学规模、办学水平和办学成效等不断创下历史新高，各项办学工作均走在了上海乃至全国高校老年教育工作的前列。近 6 年来，学校实现了从"上海市示范性老年大学"向"全国示范老年大学"的跨越。先后于 2011 年、2015 年、2017 年 3 次被评为"上海市老年教育先进集体"。上交老年大学现在开设文史、书画、声乐、舞蹈、拳操、保健、钢琴、外语、摄影和电脑等 78 门课程，聘请了 50 多位深受广大老年学员欢迎的专家与名师任教。

（1）专门的管理体制机制

上海交通大学老年教育由上海交通大学老龄工作委员会组织开展，从老年教育资源供给体制来看，采取了"医—养—教"结合方式，在提供教育养老的同时，还提供养老服务和养生保健。另外，为更好地开展学校供给老年教育资源工作，还专门成立了老龄理论

---

[1] 吴洪宝. 高校老年大学的办学之路[J]. 老年教育（老年大学），2013（12）：28-29.

[2] 姚雪青，贺林平. 老而好学，如何让银龄生活更丰富（一线调查·老有所学）[N]. 人民日报，2018-10-24（006）.

研究组，组织开展新时代高校做好服务和管理离退休教职工的研究、高校离退休教职工发挥正能量作用的研究、高校离退休教职工养老和就医问题的研究、高校离退休教职工精神文化需求的研究、高校离退休教职工终身学习的研究等理论研究，对建立高校供给老年教育资源的体制机制奠定了重要基础。

（2）课程与活动兼顾的老年教育资源供给方式

上交老年大学在供给老年教育资源时充分利用交通大学场地资源，认真考虑老年群体学习的特点，为学员提供课程与活动兼顾的老年教育资源。一是开设专门课程。从课程门类开设情况来看，上交老年大学开设了文史、书画、声乐、舞蹈、拳操、保健、钢琴、外语、摄影和电脑等多门课程。从课程开设目的来看，主要满足老年群体的兴趣培养、健康养生和出门旅行等各种需求，例如（出国）旅行英语、戏剧戏曲、中医基础及实用保健、古典文学等内容。二是积极组织社团活动。文体兴趣小组（包括团、社等）是上海交大离退休教职工为丰富和充实生活，满足兴趣爱好，做到老有所学、老有所乐而自发建立的群众性文体组织，根据财务计划处与组内会费给予一定的经费支持。22个文体兴趣小组分为逸趣安静类和动能韵味类两大类，具体包括象棋、桥牌、围棋、台球、钓鱼、书社、蟋蟀、书法、摄影、朗诵、时装、老年合唱、老教师合唱、声乐沙龙、沪剧、越剧、腰鼓、交谊舞、舞蹈、长跑、乒乓球、网球，每个兴趣小组设置专门召集人。三是开设专门讲座。充分发挥高校专家教授的作用，开设与时代保持高度联系的讲座，加强老年群体在退休以后仍然与社会保持紧密联系的渠道，甚至发挥老年人的人力资源价值。

3.上海师范大学老年大学多措并举开展老年教育

（1）建立专门的老年教育师培中心

当前，老年教育体制化建设并未完全建立起来，专门的老年教育师资就成为阻碍老年教育发展的重要问题，有鉴于此，上海师大不仅成立了老年大学，而且成立了老年教育师培中心。该中心于2012年5月经上海市教委批准成立，在市教委的精心指导下，在老年教育各中心、各学校的支持和帮助下，师培中心致力于提升师资培训的有效性，竭诚为上海老年教育发展服务。

上海师大老年大学师培中心以服务老年大学、社区学校为落脚点，即为老年教育办学机构管理者和师资专业学习及提升创造条件；以服务老年朋友老有所学的需要为出发点，即按需培训，推进老年教育发展。首先，对从事老年教育的办学干部进行培训，从老年教育的理论、理念、办学规律、管理水平、开阔视野等方面，有重点地进行有深度、有广阔视野、有规范要求、有生动案例的交流提高；其次，对从事老年教育的各类教师进行培训，从老年教育的一般理论、老年朋友的心理特点、老年教育的教学艺术等方面，有所侧重地逐步推进培训，通过授课、交流、公开课等形式，提高上海老年教育师资队伍的整体水平。为了提升培训质量和水平，上海师大组织多名教授完成了三部教材的编写，即杨德广教授主编《老年教育学》、岑国祯教授主编《老年心理学》、钱源伟教授主编《老年教育教学论》，实现了老年教育专业师资培训教材零的突破。

为了使培训更加生动、有效，上海师大老年大学开设了各类不同的课程，例如思路性课程：谈历史、讲形势、说任务；特色性课程：百名校长研修班、百名校长读书班；实践性课程：专题考察、现场观摩；专题类课程：老年素质教育、课程建设；互动性课程：校长论坛、校长沙龙。该校还开设了不同内容（如他山之石、文化纵横、时事经纬）、不同类型（老年大学、老年学校）的校长研修班和校长论坛，精心打造百名校长读书班品牌，旨在拓宽视野、提升内涵、助推读书之风。

（2）加强师资、课程资源供给制度建设

上海师大老年大学始终以办高水平老年大学为目标，努力拓宽视野，全方位进行设计和追求，以提升内涵、提高质量。学校从四个维度全面、系统地设计管理制度，即制度管理——有法可依；规范管理——有序运行；数字化管理——有据可查；和谐管理——有情操作。一是加强老年教育院系设置。上海师大老年大学成立了钢琴系、器乐与戏曲系、声乐系、舞蹈系、文史与外语系、书画系、家政与保健系、摄影与电脑系共8个系和1个艺术团。每个系指定系主任为课程设置指导教师，现有书画、钢琴、声乐、舞蹈、文史与外语、家政与保健、摄影与电脑等8个系和1个老朋友艺术团，近6 000名学员。二是理论研究助推老年教育建设。主编并由上海教育出版社出版了《老年教育ABC》《上海老年教育教与学百例》，主编并由人民教育出版社出版了《老年教育学》《老年心理学》《老年教育教学论》。三是师资队伍实力雄厚。来自上海师大的在职、退休教师和研究生占比约 60%，其中具有高级职称人数占比高达 40% 以上。

（二）职业院校供给老年教育资源

职业院校具备师资、实训和课程教学等方面的综合优势，可以瞄准老年教育机构师资和管理人员的需求方向，在老年服务与管理、社会工作、健康与养生、传统文化、大众艺术等专业培养实用人才。这类专业适合贯通培养，职业院校可以同普通高校、成人高校合作，架设涉老专业人才成长立交桥，还可以与区域内的老年大学实行订单培养。

1. 重庆"行政＋科研"推动区域职业院校参与老年教育资源供给

为深入贯彻国家关于老年教育发展的实施意见，重庆市政府办公厅出台了《关于老年教育发展的实施意见》，明确提出了实施职业院校老年教育中心培育计划，以培育计划为牵引，极大地促进了老年教育工作规划的落地。

（1）基本情况

2017 年，重庆市教委正式启动了职业院校老年教育中心培育计划，要求试点单位根据学校实际开设若干适宜老年人学习的课程，在完成不低于年度 200 人次老年人培训任务的基础上总结试点经验并提炼典型案例。为了保证试点工作的有序推进，重庆市教委委托重庆市教育科学研究院对培育计划进行科学设计和业务指导，形成了"行政＋科研"引领区域职业院校参与老年教育的资源供给模式。2017—2019 年，通过三年试点工作激发了职业院校供给老年教育的内生动力，探索出一条老年教育资源供给的新路径，摸索出具有重要示范价值的典型经验。

（2）梯度型教育服务模式

根据职业教育发展现状及老年教育服务需求，职业院校可供给的教育资源包括场地、教学设施设备、师资及课程教学计划等资源。各职业院校因地制宜，依据参与深度，大致形成了参与式、合作式和融合式三种模式。参与式主体不是职业院校，而是通过专题讲座、资源配送、职业培训、科研引领等方式灵活参与其他单位或机构主导的老年教育活动；合作式则是基于资源优势互补的整合创新模式，与社区教育学院等其他单位或者机构，依据各取所需的原则，开展老年教育合作；融合式则是全方位供给老年教育所需的一切资源，这也是老年教育资源供给模式的最理想状态。

（3）融会贯通的资源整合机制

首先是校内资源整合，充分发挥职业院校学历教育和社会培训双重职能，利用职业院校暂时闲置资源、特色课程资源或者利用学历教育与非学历教育之间的教学时空差异，实现教育资源使用效益的最大化。其次是校外资源整合，职业院校输出场地、设施设备等硬件，引进社区学院和老年大学优质资源，丰富校内老年教育课程内容；利用职业院校师资团队，建立课程开发队伍，开发老年群体急需课程，输出到老年教育机构；或整合文化馆、图书馆等民间资源，进一步丰富老年群体的生活。

（4）灵活多维的供给质量评估方式

老年教育作为非学历教育，并没有统一的评估标准、方式和依据，也无法参照普通教育等评估方式进行质量评估。在试点职业院校供给老年教育资源项目的过程中，形成了"即时性评估＋追踪评估"方式。一是对老年人课程学习结果进行展示性评价，以确保供给的老年教育资源对老年人确实起到了学习效果。二是采取调查问卷、个别访谈、网络调研、后期跟踪诊断等方式，探索建立学员个人学习档案，适时跟踪老年教育培训对老年人的积极作用[1]。多维度评估老年教育质量，更符合成人学习特点，符合老年群体的学习评估方式。

（5）立体化的资源供给保障机制

职业院校供给老年教育资源是学历教育与非学历教育的融合，更需要各种保障制度，确保资源供给目的的实现。一是人员保障，按照师生比1：30左右，配置好专业教师，主要是指导、沟通与配合开展好老年教育课程活动安排工作。同时根据老年教育课程，安排涉及行业专业的学生志愿者，提供教学辅助支持，参加老年培训服务[2]；在学生和老年人之间形成"代际学习"模式，不仅能有效缓解"空巢老人"的内心孤独感，还能进一

[1] 陈明建，屠明将，王汉江. 职业院校开展老年教育的价值与策略探索：以重庆市中职学校老年教育试点项目为例[J]. 教育理论与实践，2021，41（21）：15-19.

[2] 屠明将，姜伯成，戴向平，等. 职业院校供给老年教育资源的实践探索与优化路径：以重庆市"职业院校老年教育中心培育计划"为例[J]. 重庆广播电视大学学报，2020，32（5）：8-13.

步促进老年群体的再度社会化。二是经费保障。职业院校供给老年教育资源计划由行政推动，首先在财政经费上应予充分保障，向全市遴选合适的职业院校，由学校提供老年教育资源供给方案，经审核合格后进入试点院校库，拨付试点经费。同时，入库院校应根据自身情况，配套经费和调剂使用校内设施设备，减少经费支出，予以支持。（什么意思？请作者核实）

2. 济南职业学院组织开展非学历层次的老年教育

根据《山东省人民政府办公厅关于加快发展老年教育的实施意见》（鲁政办发〔2018〕7号）关于"院校举办老年教育试点工程"的精神，为更好地探索老年教育模式，促进老年教育事业科学发展，济南职业学院结合该校实际情况，由继续教育学院编制并上报了《申请山东省老年教育试点工程的报告》和《济南职业学院开展老年教育事业实施方案》等材料。经山东省教育厅审核，济南职业学院获批成为山东省老年教育试点院校，组织开展老年教育试点工作。随后，济南职业学院紧锣密鼓地组织开展非学历层次的老年教育、养老服务和养老产业方面的人才培养、培训，在教学资源建设、社区联合、课程体系、"互联网＋老年教育"和老年教育理论研究等方面开展试点和探索，为老年教育和养老服务等方面的人才培养培训积累经验，作出了一定贡献。同时，进一步推进学校继续教育质量建设，拓宽社会服务范围。

济南职业学院继续教育学院和济南市市中区馆驿街社区居委会合作开展了免费老年教育，学院确定培训课程，组织实施教学计划，评估培训效果。居委会负责组织参培人员、提供培训场所、管理参培人员。学院免费为馆驿街居委会老年人每周进行一次计算机基础知识、电子商务等方面的培训，培训活动受到了居委会和老年人的高度赞扬。免费开展老年教育是学院落实教育部、山东省教育厅老年教育发展规划和构建终身学习体制、建设学习型社会的新实践、新探索；是学院开展继续教育工作的新开拓、新途径；是学院探索社会服务的新方法、新模式。

二、学校教育供给老年教育资源典型经验

（一）优先建立老年教育资源供给阵地

无论是立足终身教育体系融入学校教育，还是站在充分发挥学校教育社会服务职能的立场供给老年教育资源，首要任务都是建立老年教育阵地。许多高校是以学校继续教育学院为阵地，也有部分高校以学校离退休处解决退休职工生活问题进而拓展面向社会开放、供给老年教育资源，甚至还有高校以网络继续教育学院向老年群体供给数字教育资源。学校教育参与老年教育资源供给实际上是正规教育与非正规教育的融合，学校必须及时转变观念，发挥自身办学经验、资源、师资等方面的优势拓展正规教育的办学功能，建立融合制度和融合平台，将老年教育发展规划列入学校发展目标，建立起长效供给制度。

（二）设立专门的老年教育管理机构

学校教育系统供给老年教育资源属于拓展办学功能的有益尝试，为了提升老年教育活动效率，必须设立专门管理机构，以制度化方式推动老年教育资源的高效运转。一是建立老年教育管理机构，明确职责和分工，减少中间管理环节，提高部门办事效率。二是有利于整合学校教育系统的已有资源，促进分散在不同时空范畴内的资源进行整合，进而为老年人提供更多优质学习服务。三是建立老年研究管理机构，加大老年教育问题研究，深入分析老年教育发展需求，探索学校自身供给老年教育的经验，构建学习型社会科研平台。

（三）建立养老相关的专业和师资队伍

学校教育系统尤其是高等院校在人才培养方面具有独特优势，通过设立老年教育管理、老年护理等专业，为老年教育供给专业的人才资源。同时，以普通高校和职业院校为代表的学校教育系统拥有庞大的教师资源，这些"软实力"对于当下师资严重不足的老年大学而言，具有天然优势。一方面，学校教育系统充分发挥自身的教师资源优势，组建专兼职结合的老年教育教学团队，可使老年教育质量得到充分保障；另一方面，学校教育系统依托自身优势能为老年教育教师和管理人员提供专业培训，进而提升老年教育师资队伍的专业化发展水平。

（四）建立基于学校教育的老年教育考核机制

建立多元化老年教育活动的考核机制，是提升学校教育系统供给老年教育资源质量的重要保障。一是构建适合老年群体的学习评价机制，推动老年学员更加高效地深度学习，促使其学有所得、学有所乐、学有所用。二是建立老年教育教学质量评价机制，在绩效奖励、评优评先等方面对相关老年教育师资队伍提供奖励。"老年教育的质量评价很难套用普通教育、职业教育的考核评价手段，其主要依托老年学员的观感体验和行为表现判断教育效果。虽然影响老年人学习体验和行为变化的变量较为复杂多元，但通过老年人学习成果的展示、满意度调查和个案追踪等方式，多维度评估老年教育质量，也具有较强的操作性，符合老年教育的特点。学习成果展示，即培训结束组织隆重的结业典礼，以汇报表演方式展示老年学员的学习成果，表彰优秀学员，颁发结业证书。组织老年学员参加校外公益展演活动，检验其培训效果。满意度调查，即培训期间组织老年培训项目的满意度调查，收集反馈意见，以便后期改进教学；培训结束后，评估整体培训效果。其次、还有书面调查问卷、个别访谈、网络调研、后期跟踪诊断等方式，探索建立学员个人学习档案，适时跟踪老年教育培训对老年人的积极作用。"[1]

第四节　学校教育供给老年教育资源的实施与保障

当前，学校教育参与老年教育资源供给主要存在两个问题：一是如何实现学校教育与老年教育的资源共享；二是如何以制度保障两者之间的资源。通过前文分析，我们发现学校教育与老年教育的资源共享可以从纵向两个阶段及横向三个层面进行。所谓纵向两个阶段，是指义务教育与高等教育、职业教育尽管都属于普通全日制教育范畴，但是在教育对象以及教育产品属性上与后两者根本不同，从而造成了横向层面资源供给的不同。横向层面的资源供给主要包括师资队伍、课程教学、校园环境三个方面的共享。因此，本节主

[1] 陈明建,屠明将,王汉江. 职业院校开展老年教育的价值与策略探索:以重庆市中职学校老年教育试点项目为例[J]. 教育理论与实践, 2021, 41 (21) : 15-19.

要从师资队伍、课程教学、校园环境三个方面的资源供给和制度保障来探讨学校教育参与老年教育资源供给的条件保障。

一、建立师资队伍资源共享机制

师资队伍建设是老年教育发展的重要支撑。高素质、充满活力、相对稳定的教师队伍是提高老年教育教学质量，加快老年教育事业发展的强劲动力。但是，我国老年教育师资队伍建设除了存在师资缺口大以外，现有的师资队伍还存在来源复杂、流动性大、组织分散等一系列问题和矛盾。因此，学校教育参与老年教育师资队伍资源共享方面也存在两种思路：一是输血；二是造血。前者聚焦于利用各级各类学校现有的优质师资队伍，为老年教育提供一支稳定的专兼职师资团队；后者聚焦于鼓励相关师范院校和职业院校，大力支持养老事业和老年教育相关专业人才的培养，持续不断地为老年教育输送人才。

（一）输血

鼓励普通高校、职业院校相关专业毕业生以及行业优秀人才参与老年教育师资建设与发展工作。鼓励各级各类学校师生从事志愿服务、参与老年教育相关工作，在条件许可的情况下，适当地将老年教育作为师生社会服务的重要工作和内容，在工作考核、工作量计算等方面制订具体政策。引导教师在老年大学（学校）等老年教育机构兼职任教，学校教育主管部门应积极与老年教育主管单位合作建设老年教育师资人才库。引导和支持教育主管部门充分调动各级各类学校教育中"有学者、有才者、有力者、有闲者"的积极性，充实老年教育兼职教师队伍。发挥学校教育领域中老干部、老专家、老教师、老模范的作用，加强老年教育志愿者队伍建设。教育主管部门应积极主动地推荐符合条件的在职和退休教师，进入老年教育师资人才库，实现全教育资源共享，解决老年教育师资来源不足、聘任难等问题。加快培养一支结构合理、数量充足、素质优良，以专职人员为骨干、与兼职人员和志愿者相结合的老年教育教学和管理队伍。此外，鼓励各级各类学校构建与老年教育的常规交往活动机制和平台，利用假期为老年教育开设讲座。其中，可以借鉴教育领域中督导聘任制做法，返聘退休教师，构建一支强有力的教育教学督导队伍，在发挥老年人余热的同时，实现教育教学质量的稳步提升。

（二）造血

师范院校和职业院校应根据自身情况积极开展养老事业相关人才的培养工作，在人才培养中发扬我国尊敬老年人、热爱优秀传统文化的思想，鼓励学生从事老年教育相关工作。例如，艺术类、医药卫生类、师范类院校还开设了养生保健、文化艺术、信息技术、家政服务、社会工作、医疗护理、园艺花卉、传统工艺等专业的职业院校，应大力开发老年教育特色课程，积极为社区、老年教育及养老服务等机构提供支持服务。当然，在造血过程中，老年教育也要不断提高和完善自身的教师教学管理制度，努力提高教师队伍建设能力。例如，拓宽师资来源渠道，各尽其才，建立后备师资人才库；完善教学管理制度，着力提高课堂教育质量；加强师资管理，不断提高教学质量和教学水平；建立健全教师的考核、评比制度；提倡尊师重教，营造良好的教学环境；拓宽教师专业发展渠道，提升老年教育教师专业成长的潜力。

二、强化课程教学资源共享

我国老年教育起步较晚，且受传统老年教育理念的影响，其发展速度已远远落后于老龄人口增长的速度，老年教育在课程内容与专业建设方面难以匹配发展新常态。目前，我国老年教育在课程设计理念上主要以健身、养生、娱乐为主，在一定程度上忽视了教育性这一本质属性，课程设置较为单一，教学过程较为单调枯燥。实际上，教育性才是老年教育的本质属性，而健身、养生、娱乐属性仅是老年教育的外部社会功能。具体来讲，老年教育课程设计的育人功能可以从纵横向两个维度进行划分。横向维度：促进老年人全面发展的功能，包括保健养生，促进老年人健康、延年益寿；专（职）业智能教育，增长老年人知识、更新和调节老年人智能；文化修养教育，陶冶老年人情操、完善老年人人格；休闲教育，丰富老年人生活，使老年人享受快乐。纵向维度：促进老年人终身发展的育人功能。不同年龄层次的老年人，生理特点、认知水平、人格特征，以及社会性发展都不尽相同，因此他们的学习需求也是有差异的[1]。由于对老年教育课程设计的非专业性和短

---

[1]　叶忠海. 老年教育若干基本理论问题[J]. 现代远程教育研究，2013，25（6）：11-16，23.

视发展等现象还很严重，我国老年教育课程建设科学化和系统化亟待深入。因此，根据老年教育发展规模和程度以及老年群体对继续学习和提升生活质量需要的变化，不断优化和调整专业结构，推进老年教育内容与需求的对接。加强学习资源建设与配送，提升老年教育专业建设能力，丰富老年教育课程资源是当前提升老年教育质量的重要任务[1]。

由此可见，学校教育参与老年教育课程资源的共享存在两个方面，第一，课程建设和教学质量管理是学校教育最关键的两个领域，各级各类学校在课程建设和教学质量管理方面可为老年教育发展提供经验支持，实现"软课程教学"资源的供给；第二则是"硬课程教学"资源的供给。例如，可在文化知识、书画摄影、文艺活动、体育活动、医疗保健、家政技艺等课程方面提供直接支持。具体来说：一是"软课程教学"资源的共享。主要是指普通高校和职业院校依据自身课程建设的经验，为老年教育课程设置和教学质量建设提供经验支持。此外，由于"59岁现象"和"退休综合征"的存在，可考虑依托高校和科研院所的力量，开发老年教育适应性课程，在全社会普及准老年人的生命课程和死亡教育课程，帮助准老年人和老年人顺利度过退休过渡阶段。二是"硬课程教学"资源的共享。积极鼓励和引导高等院校和职业院校紧紧围绕社会主义核心价值观、思想道德、科学文化、养生保健、心理健康、职业技能、法律法规、闲暇生活、生命尊严等方面，遴选一批通用型老年教育学习资源，开发一批地方特色老年教育学习资源，为老年教育课程教学提供资源支持与服务，实现学习资源的开放共享。

三、实现空间和环境资源共享

空间和环境资源的匮乏是制约老年教育发展的一大客观因素。近年来，频繁出现"广场舞大妈大爷"因争夺场地而产生的一系列社会问题和矛盾引发了全社会的关注，同时也体现出老年教育在空间和环境资源上的尴尬。此外，2018年全国两会前后，有关高校图书馆向社会开放的讨论也引起了广泛争议。实际上，学校教育所拥有的场地和环境资源，例如校园、操场、体育健身设施、活动中心、图书馆等环境资源是否应该或可以向社会开放，

---

[1] 赵文君, 钱荷娣. 老年教育供给侧改革的方向、路径及保障机制探索[J]. 职教论坛, 2018, 34 (6)：127-132.

是构建学校教育和老年教育资源共享必须解决的一个理论前提。尽管目前老年教育并未完全纳入国民教育体系，但是老年教育因其公益性和教育性，推动与各级各类学校在环境资源上的共享发展在理论上是值得探讨的。从教育的产品属性上看，"教育是公共产品"，这一点毋庸置疑[1]。尽管义务教育、高等教育、职业教育、老年教育在教育对象上有根本区别，但从公共产品的定义来看，推动学校教育参与老年教育在环境资源的共享方面并不存在理论争议。

在建设学习型社会的背景下，构建空间上的"学习社会"是其中的一个重要内容，从上海学习型社会建设实践来看，新千年伊始，上海就开始着手打造空间上的学习型社区建设——社区教育体系，推动形成资源共享机制。通过资源整合，突破体制障碍，最大限度地实现资源共享。各级各类学校不断开放学习场所和教育设施，各类社会资源充分发挥社会教育职能，为学习者提供公益性教育服务。社区教育的上海模式实际上在空间资源共享机制上为推动构建学校教育与老年教育环境资源共享提供了可资借鉴的经验：以各级各类学校为空间中心，有效整合教育文化资源，促进各级各类学校开展老年教育。推动高等院校、中职院校开放空间和学习资源，建立老年学习体验基地。推动精准施策，进一步探索建立各级各类公办学校开放场地、校舍、设施设备等使用管理机制，为老年人学习提供支持。构建学校教育与老年教育资源共享的常态化运行机制。

四、加强管理体制保障

相对于资源需求与供给之间的矛盾是老年教育发展的"硬伤"，另一方面，存在于老年教育管理体制方面的问题则是制约老年教育发展的"软肋"。而这种"软肋"体现在两个方面：一是多元化的管理体制，如老年教育主管部门分属不同的行政管理体制，致使管理难以统一，事实上为资源共享制造了制度障碍。二是不同的行政主管部门对老年教育的认识也不尽相同，例如老龄办"比较偏向于老年人的康乐，对老年人的技能培训关注较少"。而人社部门则更加注重对青少年和劳动人口的政策设计和统筹考虑，对老年人进行

---

[1] 王一涛, 安民. "教育是公共产品"吗?: 对一个流行观点的质疑[J]. 复旦教育论坛, 2004, 2(5): 37-41.

技能培训既缺乏足够的重视，又未纳入系统规划。因此，从宏观管理方面统一管理、统一认识，明确赋权部门是构建学校教育与老年教育资源共享管理体制的关键。

老年教育既有自身的独立性，同时也与我国优秀文化的传承、社会的稳定、终身教育的发展具有统一性和全局性。从这一视角出发，国家和主管部门应当提升老年教育的高度，实现老年教育与学校教育的融会贯通，完善老年教育的管理体制，在全国范围内建立统一的老年教育赋权管理部门，协调文化、民政、教育以及老龄工作等部门管理职能的基础上，进一步扩大统筹协调的范围，将老年教育与人力资源开发，与社会保障、产业转型等任务结合起来，统一规划和设计老年教育管理体制，制订能够兼顾老年人个体需求和学校教育发展相结合的教育规划，切实提升和推动学校教育与老年教育在管理体制上的统一和发展理念上的贯通，为推动学校教育与老年教育资源共享提供组织制度和运行机制的保障。

在顶层制度设计上明确赋权，实现老年教育与学校教育在管理上的统一和贯通，是保障学校教育参与老年教育资源供给的制度基础。在中观层面，完善经费管理体制是实现学校教育参与老年教育资源供给的现实基础。加大对老年教育的财政支持，扩大老年教育财政支持的来源，鼓励、支持和引导社会资本支持学校教育参与老年教育资源供给；将老年教育的任务和目标打包，以项目投标形式推动学校教育与老年教育单位的横向合作，以经费支持形式的革新，提高学校教育参与老年教育资源供给的积极性和效率；政府牵头组织和实施"银龄讲学计划""返青计划"，并设立专项资金项目予以大力支持，既推动了企事业单位退休人员发挥余热，同时也要鼓励学校教师积极参与老年教育。在微观层面，提高学校教育参与老年教育资源供给的权益保障.提高学校教师参与老年教育的劳动报酬，尝试采用市场化原则吸引更多、更优质的学校教师参与老年教育资源建设；将参与老年教育纳入教师工作量考核，并与职称评定挂钩，推动学校教师参与老年教育的制度化，以制度化为基础，逐步推动学校教育参与老年教育的常态化，逐步提高学校教师参与老年教育的主动性、自觉性和积极性。

第三章　社区教育路径供给老年教育资源

为了促进社区教育健康有序发展，教育部出台了一系列文件进行规范和引领。2016年，教育部、民政部、科技部等九部门联合下发了《关于进一步推进社区教育发展的意见》（以下简称《意见》），成为指导社区教育发展的重要指导性文件。该《意见》所体现的精神显示，发展社区老年教育已经成为老年教育供给侧改革的关键步骤。何为"社区老年教育"？研究者王英基于赋权增能理论提出，社区老年教育是以社区范围内的老年人为主体，以赋权和增能为目标，旨在实现家庭和睦和社会和谐的服务活动。[1] 有鉴于此，本研究认为，社区老年教育主要是指以社区为基本单位，以老年人为主要对象，以满足老年学习者的学习需求为目标，在社区中开展的针对老年人的教育活动。

第一节　社区教育供给老年教育资源的依据与意义

一、社区教育供给老年教育资源的依据

老年教育是我国教育事业的重要组成部分，社区教育是实施老年教育的基本途径。事实上，社区教育供给老年教育既有法理依据，也是老年教育发展的必然产物。

---

[1]　王英.中国社区老年教育研究[D].天津：南开大学，2009.

（一）政策支持：社区教育供给老年教育的有力保障

较早进入老龄化社会的国家或地区大都制定了老年教育领域的法律法规，以保障老年人的受教育权、丰富老年人的业余生活以及帮助老年人更好地适应迅速发展的社会。我国也高度重视老年教育工作，据统计，截至 2016 年，在老年大学等机构学习的老年人有 700 多万，更有上千万老年人通过社区教育、网络远程教育等多种形式参与学习，基本形成了多种力量参与、多形式办学的老年教育格局。事实上，我国老年教育的迅猛发展离不开强有力的政策支持，尤其是党和国家对社区教育在老年教育中的重要作用给予了充分肯定与支持，大大缓解了老年教育资源短缺的困境。《老年人权益保障法》（第三次修正）第七十一条规定"老年人有继续受教育的权利""鼓励社会办好各类老年学校"。《老年人权益保障法》不仅从法律层面确认了老年人享有继续受教育的权利，也对国家和社会在保障老年人的受教育权方面所应担负的职责作了规定。社区教育是社会层面开展老年教育的重要力量，国家鼓励社会力量积极参与老年教育，也意味着国家支持社区开展老年教育。2010 年 7 月，《国家中长期教育改革和发展规划纲要（2010—2020 年）》出台，明确提出将老年教育放在重要位置，广泛开展城乡社区教育，加快各类学习型组织建设，基本形成全民学习、终身学习的学习型社会。社区作为基本的学习型组织，是构建"全民学习、终身学习的学习型社会"的重要力量。老年教育是学习型组织的重要组成部分，也是构建学习型社会的重点。

2016 年 10 月，《国务院办公厅关于印发老年教育发展规划（2016—2020 年）的通知（国办发〔2016〕74 号）》（以下简称《老年教育发展规划（2016—2020 年）》明确指出，坚持党委领导，充分发挥政府的主导作用，鼓励社会各界积极参与，倡导全民行动，优先发展城乡社区老年教育，着力完善基层社区老年教育服务体系，推进社区教育机构、乡镇成人文化技术学校以及县级职教中心、群众艺术馆、体育馆、社区文化活动中心等多方资源的整合，建立健全"县（市、区）—乡镇（街道）—村（居委会）"三级社区老年教育网络，尤其是要着力发展农村社区老年教育，通过乡村教育文化资源的整合、教育形式的变革等为农村老年人提供满足其需求的老年教育，推进城乡老年教育的融合发展，建立发达地区与边远地区、农村社区老年教育帮扶机制。《老年教育发展规划（2016—2020

年）》充分肯定了社区老年教育的重要地位，并对社区老年教育的发展方向作出了政策指引。2016 年 6 月，《意见》（教职成〔2016〕4 号）的出台，明确指出社区教育是我国教育事业的重要组成部分，是社区建设的重要内容，社区需勇于担当老年教育重任，通过改善学习环境、完善学习网络、建设发挥示范作用的乡镇（街道）老年人学习场所及老年大学等，推进老年教育的发展。

为贯彻落实国家相关政策，各地政府或教育主管部门根据本地实际，相继出台了一系列老年教育相关文件，积极引导社区参与老年教育。例如，《天津市贯彻落实老年教育发展规划（2016—2020 年）实施方案（津政办函〔2017〕119 号）》明确提出，优先发展城乡社区老年教育，推进社区教育机构、乡镇成人文化技术学校、区级职教中心及体育健身场所、群众文化馆、社区科普学校等多方资源的整合，着力打造完善的基层社区老年教育服务体系，建立健全"区—乡镇（街道）—村（居委会）"三级社区老年教育网络，推进城乡老年教育的均衡发展，积极打造良好的老年教育资源共建共享平台等。《上海市老年教育发展"十三五"规划》提到，该市已基本形成政府主导、多方协同、社会参与的老年教育格局，"十三五"期间，要拓展街镇老年学校对促进社区文化繁荣、文明建设的功能，鼓励社会各方参与老年教育，实施"老年人学习场所倍增项目"，培育 500 个居村委学习示范点等。《重庆市人民政府办公厅关于老年教育发展的实施意见（渝府办发〔2017〕192 号）》提出，优化城乡老年教育布局，积极发展社区和农村老年教育。

国家和地方对社区参与老年教育的高度重视为社区老年教育的发展提供了方向指引和政策保障，有力推动了社区老年教育的发展，缓解了老年教育资源供给不足与老年学习者的学习需求高涨之间的矛盾。随着老龄化社会的持续发展，不仅要满足老年人基本的接受继续教育的权利，还要为越来越多的老年人提供满足其需要的教育。所以，未来社会仍需党和国家加大对社区老年教育的支持力度，努力办好让老年人满意的老年教育。

（二）现实需求：社区教育成为老年教育的重要支撑

随着人口老龄化的加剧，老年教育受到更为广泛的关注。有研究者通过实地调研发现，老年人的学习需求普遍比较强烈，按照学习需求的强烈程度由高到低依次是追求生活品质的学习需求、与社会贡献有关的学习需求、与人际交往的学习需求[1]；近几年来，各地老年大学、社区学校等开设的课程根本难以满足老年人的实际学习需求[2]；城乡老年教育发展不均衡等。

为满足老年人多样化的学习需求，推进学习型社会的构建及终身教育体系的形成，我国各省市尤其是经济发展水平较高的省市将社区老年教育作为发展老年教育的重要突破口，使社区老年教育办学规模不断扩大。有数据显示，截至2018年，上海已全面建成市级老年大学、区级老年大学、街镇老年学校和居村委学习点的四级老年教育办学网络，建有居村委办学点5 503个，超过80万人次的老年人在老年大学（学校）、居村委学习点学习。此外，上海还率先发布"居村委示范学习点""社会学习点""养教学习点"等学习点建设，在原有5 000多个标准化学习点的基础上，居村委示范学习点持续改造升级，着力打造老年教育学习品牌。江苏省已建成国家级社区教育试验区、示范区28个，总数位居全国第一；建成社区大学、社区学院108个，省级标准化社区教育中心684个，以江苏开放大学为龙头、覆盖全省城乡的社会教育办学体系基本建成。这些办学实体成为开展社区教育活动的核心阵地，联合妇联开展"农村妇女网上行"培训、与老龄委联合开展"夕阳红·扶老上网"工程、与有关部委厅局联合开展公务员培训、公安民警职业素养提升等系列项目；设立全国首家社会教育管理学院，创建江苏开放大学"学习苑"、养教结合老年教育示范基地和老年教育示范区。在"十三五"期间，全面推进社区教育"百千万工程"，建成百家社区教育学习苑、社会教育"千人"讲师团、万名优秀志愿者队伍。

当前，我国部分省市已建立了"县（市、区）—乡镇（街道）—村（居委会）"三级社区老年教育网络，着力发展城乡社区老年教育，有效缓解了老年教育资源短缺的困境。但随着我国人口老龄化的快速发展以及老年人学习需求的持续高涨，有限的老年教育资源

---

[1] 陈文娇，刘巧巧，陈爱忠. 城市老年人学习需求及其差异性的实证研究：基于武汉市1 065位老年人的调查[J]. 教育科学探索，2022，40（2）：71-78.

[2] 许竞，李雅慧. 我国老年教育供给与中高龄人群学习需求匹配状况调查：基于部分省市抽样数据[J]. 现代远程教育研究，2016，28（6）：39-46，92.

与老年人多元化的学习需求之间的矛盾不断加剧。这就需要社区主动作为，积极参与老年教育事业，明确自身在老年教育中扮演的角色与职责，持续完善相关的老年教育制度体系，丰富课程形式与内容，深入推进线上线下融合教学，进一步加强老年教育师资队伍建设，助力城乡老年教育协同发展，为老年人创造良好的学习环境，以满足老年人多元化的学习需求，助力学习型社会的构建。

（三）理论深化：社区教育助力老年教育的理论研究仍待进一步加强

理论是实践的先导。经梳理文献发现，既有研究主要聚焦于对社区教育或老年教育单一主题的研究，而对作为老年教育主要途径之一的社区教育的研究相对不足，这直接导致了社区教育参与老年教育时缺乏科学的理论指导，进而使社区教育参与老年教育易陷入经验主义的窠臼。因此，进一步挖掘社区教育参与老年教育的价值与意义、探究社区教育参与老年教育的体制机制、创新社区教育参与老年教育的实践模式、丰富社区教育参与老年教育的形式与内容、探寻智能时代社区教育参与老年教育的机遇与挑战等，既是理论研究者的重要任务，也是社区教育助力老年教育的理论基础。

二、社区教育供给老年教育资源的意义

有学者对社区的老年教育功能进行了归纳：保障老年人受教育权利；促使老年人快乐和享受学习；推动老年人"再社会化"与"积极老龄化"；全民践行终身教育，构建学习型社会；节约老年教育成本和最大化老年教育效益；建设社区精神文明与和谐社区[1]。

（一）有利于整合各类教育资源以形成合力

社区教育的本质属性之一就是开发和利用各种教育资源的载体，通过汇聚并整合教育资源的方式服务社区共同体成员。首先，社区教育能整合学校教育系统力量以服务老年人学习。充分利用普通高校、中职院校、中小学校等教育机构在场地、设施设备、师资力量和理论引领等方面的优势，为社区老年人提供优质教育资源。其次，社区教育能够整合

---

[1] 陈乃林.社区老年教育探索[J].中国成人教育，2015（22）：8-10.

成人教育系统的力量以服务老年人学习。从理论上看，社区教育属于成人教育的重要组成部分，其功能之一就是为社区成人提供教育资源与服务。在老年教育方面，社区教育能够联合开放大学（学校）、老年大学（学校）、乡镇成人文化技术学校等成人教育机构开展丰富多彩的老年教育活动。再次，社区教育能够整合基层公共服务资源以服务老年人学习。近年来，我国经济社会持续快速发展，公共服务体系建设力度不断加强。整合城乡社区综合服务中心（站）、社区文化中心及体育健身场所等各类资源，充分发挥这些基层公共设施具有的教育价值，组织开展丰富多样的社区教育活动，促进基层公共服务资源效益最大化。最后，社区教育能够整合社区教育系统力量以服务老年人学习。通过扩大图书馆、博物馆、文化馆等公共基础设施向社区居民开放的程度，发挥它们的教育功能，为社区老年人学习服务。此外，社区教育在引导社会培训机构参与供给老年教育资源方面也具有一定优势。

（二）便于老年人就近学习以提升吸引力

老年教育作为一种非正规教育形式决定了其开展方式需符合不同老年群体的多样化学习需求，且老年人生理和心理发展阶段的独特性要求接受教育需坚持就近与方便的原则。只要满足这两个基本条件，社区老年教育就能够最大化地实现。由于老年教育的非正规性与赋权增能的特质，使其必须通过形式多样、内容丰富的活动开展方式来满足老年人的学习需求。否则，社区老年教育也就失去了发展动力与生存活力。同时，正因为社区老年教育拥有整合各类教育资源的独特优势，使其在满足社区老年人教育需求方面具备得天独厚的外在条件支撑。此外，由于社区教育的公益性和政府财政兜底，其所提供的老年教育服务收费低廉，大多数老年人都能够承担起学习费用，一般不会因"学费"支出而拉低老年群体的生活质量。总之，社区是大多数老年人生活的主要场所，社区老年教育作为老年人"家门口"的学校，因其交通便利、内容丰富、形式多样和收费低廉等优势，能够为满足老年人继续教育的愿望提供最大程度的便捷性，对于具有学习需求的老年人而言，社区教育通常是性价比较高的选择之一。

（三）有利于实现"养教结合"目标以完善养老体系服务能力

养老服务体系主要是指为满足老年人的生活需求、持续提升老年人生活质量，为老年人提供集基本生活照料、精神关爱、社会参与、紧急救援等于一体的由设施、组织、人才、技术要素等构成的网络及其配套的服务标准、运行机制与监督制度。养老服务体系主要是指与经济和社会发展水平相适应，以满足老年人基本生活需求、提升老年人生活质量为目标，面向所有老年群体，提供基本生活照料、护理康复、精神关爱、紧急救援和社会参与的设施、组织、人才和技术要素构成的网络，以及配套的服务标准、运行机制和监督制度。从发达国家养老模式普遍经历了从医院养老到机构养老再到居家与社区养老的演变历程，居家与社区养老模式是当今世界各国普遍选择的养老形式之一，据《2018—2024年中国居家养老服务市场调查及发展趋势研究报告》显示：目前美国约有 70% 的老人选择居家养老，其余主要是社区养老。由于长期受传统"家本位"思想的影响，中国老年人的养老方式一般是依托于家庭进行。自上海在"十一五"期间提出"9073"养老模式（即 90% 的老年人在家中接受养老服务、7% 为社区短期托养、3% 为机构养老）以来，"9073"养老模式逐渐成为构建我国养老体系顶层设计的重要举措之一。2013 年 8 月 16 日，国务院常务会议确定了深化改革、加快发展养老服务业的任务措施，提出到 2020 年全面建成以居家为基础、社区为依托、机构为支撑的覆盖城乡的多样化养老服务体系。2017 年《国务院关于印发"十三五"国家老龄事业发展和养老体系建设规划的通知》，规划明确 2020 年的目标为以居家为基础、社区为依托、机构为补充、医养相结合的养老服务体系更加健全。其中，医养结合重在关注老年人的生理状况。社区居家养老模式虽然没有明确提出养教结合，但是精神关爱主要通过教育途径实现，当然这里的教育是指宏观意义上的"教育"。遵循"在社区内照顾"和"由社区照顾"理念的社区居家养老模式，不仅要具备日间照料、卫生保健、康复理疗、家政服务等传统功能，还应健全老年学校、社区活动等终身学习服务能力的打造，并最终实现功能集约、使用效率高、方式灵活、内容丰富的社区居家养老目标。《老年教育发展规划（2016—2020 年）》提出要开展养教结合新模式的探究。具体而言，一是以社区老年人日间照料中心、托老所等为依托，展开多种形式的老年教育；二是借助老年养护院、城市社会福利院、农村敬老院等养老服务机构开展老年教育，通过丰富活动形式、优化教学设施设备等，促进老年教育与养老服务的融合发展。同时，要给予失能失智及盲聋等特殊老年群体足够的关注，为其提供康复教育一体化服务。

第二节　社区教育供给老年教育资源的现状与问题

一、社区老年教育的发展现状

2016 年 6 月 28 日，《意见》（教职成〔2016〕4 号）重申了老年教育的重要地位，要求社区教育要把老年教育作为重点任务，将老年教育与多层次养老服务体系建设相结合，通过在本区域建设一批能发挥示范作用的乡镇（街道）老年人学习场所和老年大学、构建完善的老年人社区学习网络，拓展老年学习资源，改善老年人的学习环境，提高老年教育的参与率和满意度。同年 10 月，国务院办公厅印发《老年教育发展规划（2016—2020 年）》对老年教育的发展作出指导，进一步提出要完善基层社区老年教育服务体系，推进社区教育机构、县级职教中心、乡镇成人文化技术学校以及群众文化馆、社区文化活动中心（文化活动室）、社区科普学校等资源的整合，构建"县（市、区）—乡镇（街道）—村（居委会）"三级社区老年教育网络，方便老年人就近学习。这从国家政策层面肯定了社区教育在老年教育中的重要地位，也为社区教育助力老年教育的发展指明了方向。

教育部职成司针对《意见》的新闻发布会材料显示：据 2013 年有关数据统计，161 个全国社区教育实验区和示范区面向老年人开展社区教育的人数最多。《意见》主要任务第四条"提高服务重点人群的能力"明确提出，把老年教育作为社区教育的重点任务。据中国老年大学协会调查报告显示，近年来，城乡基层老年教育得到快速发展，由城乡基层（乡、镇、街、村、社区）主办的老年学校有 53 937 所，占老年大学和老年学校总数的 90%；在校老年学员有 4 266 284 人，占老年学员总数的 62.9%。据江苏省苏州市吴江区老年学校统计数据显示，区级老年大学在校老年学员有 1 816 人，街（镇）居（村）一级的老年学校有在校老年学员 328 316 人，占老年学校在籍学员总人数的 95%。此外，对上海市老年学校学员分布情况进行统计分析后得知，街（镇）老年学校有在籍学员 426 097 人，占全市老年学员总数的 83%[1]。可见，作为老年教育体系的"神经末梢"，

[1]　陈乃林. 社区老年教育探索[J]. 中国成人教育，2015（22）：8-10.

社区老年教育起着基石般的作用。

二、社区老年教育存在的问题

党和国家对社区老年教育的高度重视，促进了社区老年教育的发展。但由于我国的社区老年教育起步较晚，当前仍处于初创期，在管理体制、教学内容、师资力量、设施设备等方面存在不少问题。

（一）管理体制不健全

就管理体制而言，我国的社区老年教育仍然采用政府主导的行政管理模式。时至今日，我国迄未组建起专门负责老年教育的管理机构，目前的老年教育主要由老干部门、老龄委、文化部门、教育部门等兼职管理。长期以来，由于老年教育尚未形成体系化管理，因此，不可避免地出现了交叉管理、政出多门、相互推诿的现象，递延至社区老年教育则出现多头管理、权责分散。据了解，还有很多省市的教育部门并未将老年教育纳入工作规划，且社区教育出现了教育部门和民政部门交叉管理的现象，财政部门对社区教育经费毫无保障甚至随意削减，文化部门并未将老年教育纳入现代公共文化服务体系，老龄部门主要负责老龄事业却鲜有参与社区教育。尽管顶层设计中不断强调建立健全以党政部门为主导、鼓励多方参与、畅通社会协同的老年教育管理体制，但是实践中却收效甚微。有研究者指出，目前的涉老服务绝大多数都是由社会组织承担的，街道、居委会大都将老年教育工作交给社区综合服务中心开展。[1]

（二）教育内容单一

1999 年，第一次全国老龄工作会议提出"老有所养、老有所医、老有所为、老有所学、老有所乐"的老龄工作方针。"老有所学""老有所乐"受到人们的广泛关注，如何让老年人"学有所乐"也成为老年教育工作的重要内容。基于此，老年教育课程开发应更加关注娱乐性和健康性。一方面，带有娱乐性质的绘画、唱歌、棋艺、舞蹈及器乐等课程受到老年学习者的青睐；另一方面，太极拳、健身操、中医养生保健、营养健康等课程也受到

---

[1] 柳彩霞，李坪. 广州市社区老年教育的现状调研分析[J]. 广州城市职业学院学报，2017, 11（2）：90-96.

老年学习者的喜爱。这些课程极大地满足了老年学习者追求精神愉悦和身体健康的需求，一度成为老年大学或老年学院的热门课程。但随着信息技术时代的到来，老年学习者的需求逐渐走向多元化，部分传统课程呈现落伍倾向，难以适应信息技术时代的发展需求。当前，很多老年大学或者老年学院设置的课程仍以传统的休闲娱乐型、生活保健类课程为主，而符合社会发展及老年人多样化需求的引领性课程开发严重不足。同时，基础性的文化知识普及教育仍然占据主导地位，具有提升性并与信息社会相适宜的技能性教育严重缺乏；普适性课程开设较多，而区域性特色课程开发不足[1]。有研究者对温州市 60 所社区老年学习苑开设的课程进行调查，发现生活休闲类课程（主要包括音乐戏曲、舞蹈体育、书画摄影、生活保健等）占总课程的 74%，文化修养类课程（主要包括文化知识培训、科学知识普及等）占 14%，职业技能类课程（主要包括计算机基础技能、语言文字技能以及少量的手工制作等）仅占 12%。

（三）师资力量缺乏

受诸多因素影响，社区老年教育机构的专兼职教师数量较少，尤其是优质教师资源十分稀缺。教师队伍来源的广泛性虽然说明了社区老年教育办学的开放性特征，同时也存在教师流动性大、专业化发展难度高的弊端。特别是当下到社区老年教育任教的教师多数仅从理论上泛泛而谈，而不针对老年人的学习层次、学习需求和学习能力等方面的独特性组织教育教学，往往采用填鸭式的满堂灌方式，极易造成教学效果低下、学习兴趣丧失等不良后果。以 2014 年温州市 60 个社区老年学习苑为例，老年学习苑共有教师 370 名。其中，具备本科及研究生以上学历的教师占比 31.89%，具备大专学历的教师占比 30.27%，具备高中及以下学历的教师占比 37.48%；具有高级职称的教师占比 6.49%，具有中级职称的教师占比 24.05%，具有初级职称及其以下的教师占比高达 69.46%；来自中小学幼儿园的教师占比 14.59%，来自高校的教师占比 2.16%，来自政府机关的教师占比 6.22%，来自文化事业单位的教师占比 11.35%，来自企业及其他的教师占比高达 65.68%；专职教师占比 22.16%，兼职教师占比 68.65%，志愿者占比 9.19%[2]。从老年教育的长远发展来看，

---

[1] 陈春勉. 老龄化背景下社区老年教育课程建设研究[J]. 成人教育，2016，36（9）：69-72.

[2] 陈春勉. 老龄化背景下社区老年教育课程建设研究[J]. 成人教育，2016，36（9）：69-72.

优良的师资队伍是老年教育发展的基石，也是老年教育长久发展的重要保障。当前，老年教育面临的师资短缺以及教师队伍学历偏低、中高级职称短缺、来源相对单一且主要依靠企业及其他途径、兼职比重过大等诸多现实问题，制约了老年教育的高质量发展，也难以满足信息社会高速发展背景下老年人多样化的学习需求。

（四）设施设备匮乏

从总体上看，近年来国家和地方都逐步加大了对老年教育的投入，但由于各区域经济发展不均衡、人口老龄化日益加剧、老年人的学习需求日趋多样化等，很多区域都面临经费投入难以跟上老年教育发展的窘境，导致适用于老年教育的基础设施设备稀缺，办学场地狭小，办学条件极为简陋。办学场地和设施设备的匮乏一方面会造成社区老年教育的招生规模受限，客观上造成老年学位一"位"难求的局面；另一方面因办学条件简陋，也限制了社区老年教育内涵式发展转型和服务质量的进一步提升。

第三节 社区教育供给老年教育资源的案例与经验

世界上较早进入老龄化社会的国家或地区通过推动社区老年人互助学习、鼓励老年人自主学习、兴办社区大学等多种形式发展老年教育，都取得了较好的成效。20世纪六七十年代，美国积极开展德州社区学院的老年人学习项目，启动了以政府支持、社会力量参与、地方捐款协同开展老年教育的模式[1]。当前，社区已成为美国老年教育资源的重要提供者，社区老年大学以覆盖面广、普及率高、收费低廉、课程内容丰富等优势成为非常受老年人欢迎的一种教育类型。此外，老年中心是社区老年教育的另一种类型，在美国政府的积极推动下，老年中心兼具身心健康、社会服务、营养、教育与休闲等多种功能，极大地满足了美国老年人的学习需求。英国地方政府一般以社区为依托，通过提供职业技

---

[1] 罗志强.二十世纪六七十年代美国社区学院老年教育研究[J].当代继续教育，2019，37（1）：36-41.

术课程、社会服务课程、休闲娱乐课程和人文通识课程等多种类型、覆盖范围广的课程，尽可能地满足老年人的学习需求。法国中央和地方政府则会给予社区一定的办学经费，鼓励社区内的退休人群组建协会或俱乐部，为老年学习者提供教育。

我国部分地区也非常重视社区老年教育，并取得了较为丰富的办学经验。例如，我国香港地区将社区老年教育归入安老服务范畴，将以人为本、社区照顾、持续照顾和老有所为作为安老服务的基本理念。作为安老服务的重要组成部分，社区老年教育依托安老服务机构等开展。社区老年教育主要以长者社区支援福利机构和院舍服务机构为重要平台，2006 年，香港社会服务联会和香港电灯集团协力推动"香港第三龄学苑"；2007 年，香港特区政府开始推行"护老培训地区计划"；2017 年，香港安老事务委员会发布《安老服务计划方案》，提出要充分发挥社区资源在老年教育中的重要作用[1]。又如，广东省社区老年教育基本形成了多元化的社区老年教育发展模式，课程与教学更为多元化，开发了独具特色的社区老年教育课程，如茂名社区老年教育开设了石油文化、荔枝文化、本地常发疾病的预防与保健知识等[2]。再如，湖南省衡阳市坚持多元性、本土性和共享性的基本原则，从本土特色化课程设置、多元化的教学形式和引进高学历的教师资源等方面，着力构建"养教结合"型社区老年教育模式[3]。

一、社区教育供给老年教育资源典型案例

（一）上海宝山区

上海市宝山区早在 2010 年就已形成街镇、居村两类社区老年教育体系，分别开设老年学习班 290 个、1 885 个。社区老年教育课程以生活与休闲类课程为主，尤其是休闲技艺类课程占据了绝对的主导地位。在宝山区街道（乡镇）社区学校老年班学习的学员平均

---

[1] 马早明，佘永璇，马林.社区老年教育：港澳经验与广东实践[J].华南师范大学学报：社会科学版，2021（5）：64-73，206.

[2] 马早明，佘永璇，马林.社区老年教育：港澳经验与广东实践[J].华南师范大学学报：社会科学版，2021（5）：64-73，206.

[3] 雒真.衡阳市社区老年教育"养教结合"模式的构建[J].农村经济与科技，2021，32（14）：209-211.

学习时长高达 20.9 学时，在居村委学习点参与老年教育的学员学习时长高达 82.1 学时。在总结宝山区社区老年教育的办学经验时，有研究者认为，宝山区社区老年教育具有如下特征：构建了"区—街镇—居村"三级办学体系，为 35.9% 的老年人提供了参与老年教育的机会；开发了以休闲娱乐类课程为主的老年教育课程体系，为满足老年人的学习需求创造了良好条件；社区老年教育有效地调动了老年人的学习需求，尤其是"就近入学"政策，为老年人接受教育提供了便利[1]。

（二）重庆渝中区[2]

渝中区是重庆的"母城"。一直以来，全区呈现经济运行稳中有进、城市品质不断提升、民生福祉持续改善、社会大局和谐稳定的良好局面。进入新时代，渝中市民的文化教育需求日益呈现出多样化、多层次、高品质的特点，辖区共有 3 所老年大学、1 所社区教育学院、7 所社区教育分院，各街道、社区市民学校有序开展着各类终身教育活动，但教育供给增长的速度远远跟不上社区居民尤其是老年人学习需求的增长速度，老年大学常常出现一"座"难求的火爆场面。为了缓解老年教育资源的供需矛盾，渝中区社区教育学院通过培育学习型团队，引导社区老年人参加自主学习、团队学习，实现自我教育、自我服务、自我管理，开辟老年教育新路径，拓展老年教育第三空间，以期形成社区老年教育新常态。

2018 年 7 月 17 日，一首浑厚的古埙齐奏《追梦》缓缓回荡在重庆市石柱县中益乡坪坝村广场上，这是由重庆市教育科学研究院主办的"2018 年城乡老年人'手拉手·夕阳红'精神文化扶贫"活动晚会现场。来自重庆市渝中社区教育学院"秋音春韵"古埙艺术团的成员们身着汉服，手捧古埙，神态端庄地参加了这次精神文化扶贫活动，这是他们参加的数百场义演中极为平常的一场演出，平均年龄为 60 岁的团队成员们积极、乐观、自信的精神面貌给观众们留下了非常深刻的印象。在渝中区，像"秋音春韵"古埙艺术团这样的学习型团队有很多，但他们的成长之路却是最引人注目的一个。

---

[1] 黄琳，陈乃林.关于近十年社区老年教育研究文献综述：中国社区老年教育领域前沿视点评析[J].职教论坛，2017，33（9）：57-65.

[2] 该部分案例资料由重庆市渝中区社区教育学院张静、刘利娜和许蓝之提供。

2005 年，一次偶然的机会，退伍军人赵焕鼎与古埙初遇，他立即被这古老的乐器和它所承载的深厚文化底蕴所吸引，从此开始了他的追埙之路。十多年前的重庆几乎没有人知道埙这种乐器，更别提专业老师指导了，他便从图书馆借来与埙有关的书籍，通过互联网搜集到一些资料，从基本功练习入手。为了利用好碎片时间，他无论走到哪里，都把埙带在身上，做到了埙不离人，人不离埙，一有空就开始吹奏，风雨无阻。面对器乐学习的单调、枯燥，他排除了各种干扰与诱惑，凭着对中华优秀传统文化的热爱和坚忍不拔的毅力，十多年如一日，坚定地行走在古埙文化的学习与传承路上。

为了更快地提升自己的吹奏水平，赵焕鼎先后赴北京、西安、成都、太原、银川等地拜师请教。正因为这种痴迷和刻苦精神，他的吹奏水平可谓呈直线上升趋势，在不到 3 年的时间里，不仅掌握了古埙"气、指、唇、舌"的基本技法，而且"听、唱、悟、奏"的综合能力也得到快速提升，被陕西省民族管弦乐学会葫芦丝、埙、陶笛专业委员会吸纳为会员，并担任理事。赵焕鼎还积极参加各种民间文艺演出活动，在不同场合展示古埙这一古老乐器的风采，让越来越多的重庆人认识了古埙这一乐器。

2016 年初，居住在大坪街道大坪正街社区附近的 9 名古埙爱好者自发聚集起来，在赵焕鼎的带领下研学古埙这一被人们遗忘已久的中华传统乐器，开始了他们学习古埙的集体追梦之旅。缺乏专业教师，他们就共同制订学习计划，相互鼓励，相互帮助，共同提高；没有学习资源，赵焕鼎就根据自己积累的心得体会编写教学材料；没有教学场地，公园、文化宫、广场就是他们的流动教室；唯一固定的是每周一次的教学辅导时间。2016 年 9 月，"秋音春韵"古埙艺术团正式成立。

共同的兴趣爱好、民主的学习氛围、互为师生的同伴关系换来的是成员们对团队的强烈归属感和认同感，团体演奏水平不断提高，学习成果不断显现，社会对古埙的关注度也越来越高，更多人迷上了古埙这一乐器。短短一年时间，团队成员由最初的 9 人发展为演员 39 人，学员近 200 人。团队的迅速扩张带来的问题也扑面而来：教学场地不固定，教学设施设备匮乏，缺乏专业引领，学习停留在低水平重复阶段，这些问题是压在团队创立者赵焕鼎心里的一块大石头，为此，他四处奔走。2016 年底，赵焕鼎走进了渝中区社区教育学院，他以最质朴的话语和满腔的热忱打动了这里的老师们："我是一名退伍军人，我爱古埙，我想将中国的优秀传统文化传承下去。也许我一个人的力量是做不到的，但我相信一定有和我一样的同路人！"

2017 年春，渝中区社区教育学院为"秋音春韵"古埙艺术团免费提供教学场地、设施设备和管理教师，引导赵焕鼎进行课程教学和团队管理。在渝中区社区教育学院的大力支持下，重庆市学习古埙的老年人激增。三年来，以渝中区社区教育学院为基地，拓展到渝中区文化馆、红岩村社区等 11 个教学点和重庆书城等 9 个辅导点，线下学员 325 人，线上注册学员 1 000 多人。为开展有针对性的教学辅导，2018 年春，"秋音春韵"古埙艺术团开设初级班、中级班、研修班三个层次，试点进行分层教学。

为了"秋音春韵"古埙艺术团成员的共同学习之路走得更远，渝中区社区教育学院指导该团队进行师资队伍和骨干成员的培养，先后成立了教学研究组和埙文化研究、埙乐创编、埙制作等三个研学小组。教学研究组聘请四川音乐学院王其书教授、西安埙乐高级调音师王胜祥老师为顾问，定期召开古埙教学研讨会。收集整理《大同乐会在重庆——从郑觐文到郑玉荪许如辉》等相关文献资料 86 篇；创作改编《巴渝小调》等埙曲 10 余首；开发出单腔埙、双腔埙、木埙、竹埙等埙乐器品种，并成功注册埙乐器商标"秋音"。

为了克服古埙学习越深入、教学资源越匮乏的现实问题，团队骨干成员们在整理教案及课件的基础上着手编写教材，2016 年，"秋音春韵"古埙艺术团编写了《古埙教学大纲》《古埙基础 12 讲》；2019 年，又开发出重庆市第一本有关古埙的专业教材。为了顺应"互联网＋"的时代潮流，渝中区社区教育学院投入大量经费，开发了《大地之声——埙》系列微课程，与专业团队共同开发了《风凌图谱》古埙教学软件，以"渝中学习网"为载体，定期开设网络直播课，鼓励团队成员通过线上教学、线下辅导等方式进行学习，学习质量得到明显提升。

"秋音春韵"古埙艺术团的成员们将中华优秀传统文化的精髓内化于心，外显于行。他们致力于反哺社会，服务社区。团队先后在观音桥街道富力海洋社区、渝州路街道社区学校等地开展了古埙公益讲座 300 余场。他们还积极参加各级各类公益文艺演出数百场，观众达数万人。重庆晨报、上游新闻网、重庆电视台科教频道、都市热报等多家媒体曾先后进行了专题报道。2018 年，团队"领头羊"赵焕鼎被评为"全国百姓学习之星"。2019 年，古埙课程被评为重庆市特色课程，"秋音春韵"古埙艺术团被评为重庆市学习型团队。

二、社区教育供给老年教育资源典型经验

事实证明，社区参与老年教育不仅是可行的，而且还能满足老年人就近入学的需求，有效缓解老年教育资源短缺与老年人强烈的学习需求之间的矛盾。基于此，深入推进社区老年教育的发展，探索人工智能时代社区老年教育发展的机遇与挑战，全面挖掘老年人的学习需求，推进政府部门、学校、社区和社会的优质老年教育资源的共建共享共融，打造满足老年人学习需求的智能化教育平台，是发展社区老年教育的重要内容。

《老年教育发展规划（2016—2020年）》提出"发展老年教育，是积极应对人口老龄化、实现教育现代化、建设学习型社会的重要举措，是满足老年人多样化学习需求、提升老年人生活品质、促进社会和谐的必然要求。"当前，老年教育发展面临的最大瓶颈是老年人旺盛的学习需求与教育资源匮乏之间的矛盾。渝中区社区教育学院在解决基层社区老年教育资源供需不平衡的矛盾中，培育根植于社区居民的学习型团队，通过核心团员的"传帮带"，孵化出新的学习型团队，让更多老年人有兴致、有尊严、有品位地参与学习，从而有效缓解了老年大学贵族化、老年教育资源短缺的现状。这一实践开创了老年教育新的延展方式，有效开辟了老年教育第三空间，在如何拓展老年教育路径、扩大老年教育参与面等方面给予我们诸多启示与思考。

一是引导社会机构为学习型团队建设提供外在保障。截至2018年底，渝中区60岁及以上老年常住人口16.8万人，占常住人口的33%，老年教育服务对象数量庞大。目前，渝中区的老年大学、社区教育学院等专业教育机构提供的老年教育课程年均服务3万人左右，更多的老年人散居在社区，分布于声乐、舞蹈、太极、书画等数百个社团组织，单一的老年教育资源供给主体已不能满足老年教育的客观现实需求，建立不同类型的学习型团队，鼓励老年人参加自主学习，是拓展老年教育发展路径的必然选择。从"秋音春韵"古埙艺术团的发展历程和与其他社团组织的比较中不难看出，渝中区社区教育学院的专业介入、持续培育是其迅速成长、规范发展的重要原因。老年教育作为政府公共服务的组成部分，各级政府必然是发展老年教育的责任主体。在公共治理视域下，政府相关职能部门应

转变观念，以放权赋能为宗旨，以满足终身学习需求、服务"积极老龄化"为目标，为基层社团组织的健康、有序发展创造良好的外部环境，为各类社会机构提供保障，引导社会机构为老年学习团队的发展搭建平台、提供支撑，注重孵化培育老年学习型团队，拓展老年人学习的时空范围，乃是解决目前老年教育资源短缺问题的应有之义。

二是培育一致的价值追求和团队目标，为团队成长提供内驱动力。目前，参加社区老年学习团队的成员异质性较低，有共同的学习兴趣，以共同价值取向为基础，团队成员彼此信任，能形成守望相助的人际关系，对团队有很强的认同感和归属感，这些特征都能使团队更具凝聚力和生命力。同时，老年人参与学习并非真正在意一张张课程学习证书，他们更在意学习过程的参与、讨论和分享，在意学习过程中自身生命状态所呈现出的积极变化。据调查，一个基层社区往往活跃着大大小小数十个社团组织，当共学养老成为一种社会常态，我们就需关注这一现象，注重对老年学习型团队的培育，与团队成员一起梳理共同的学习愿景，制订清晰的团队发展目标，激发合作意识、团队精神，变个体学习为团队学习，变知识为中心的课程式学习为促进经验生长的体验式学习，着力体现老年教育的生活化特征，体现老年学习的草根之美、平民之乐。

三是培养团队领袖和核心骨干成员，为团队成长提供精神引领。老年学习社团并不是被动接受自上而下的教育供给，而是在一定条件下的自我成长，这一学习形式更能体现老年人的学习特点。一个学习型团队的自我成长往往离不开一个或几个灵魂人物，他们吃苦耐劳、热心公益，具备较强的管理及沟通协调能力，在团队中起着统一价值认识、引领团队发展走向的作用。"秋音春韵"古埙艺术团的赵焕鼎就是利用自己十多年来坚持不懈地学习古埙、执着推广古埙文化的精神感染着团队骨干成员，正是在这种人格魅力的感召下，许多学员又成为了团队志愿者，积极参与团队管理与社会服务。因此，在扶持和培育各类老年学习团队的过程中，要注意培养团队领袖和核心骨干成员，激发骨干成员的更多正能量，以期发挥他们在团队建设中的最大作用。例如，推进种子计划，建立社区导师工作室，提升其管理水平、学习服务能力，增强团队持续生长能力。

第四节　社区教育供给老年教育资源的实施与保障

一、树立有机统一的发展理念

无论是从学理上分析，还是在实践中观察，社区教育的重心之一都是服务老年群体，而老年教育的开展又必须依靠社区教育。那种将社区教育与老年教育割裂开来的观点和做法，纯粹是没有认清二者之间的内在联系和功能定位。《老年教育发展规划（2016—2020年）》明确提出了优先发展社区老年教育，建立健全"县（市、区）—乡镇（街道）—村（居委会）"三级社区老年教育网络，方便老年人就近学习。"事实证明，那种将社区、社区教育与老年教育割裂开来的社区老年教育观念是无法适应当前老年教育实际需求的；那种将社区老年教育当作政府义务、当作政府职能，一概向政府要钱要场地要人员，坐等政府到社区来组织开展社区老年教育活动的观念也是有失偏颇的；那种将社区生活与社区老年教育人为地割裂开来，就教育谈教育，就社区谈社区的观念也是不可取的。"[1]因此，基于养老服务体系构建与终身教育体系打造的理论高度，将社区教育与老年教育视为有机整体，为促进社区老年人成功实现"积极老龄化"贡献教育智慧。

二、推进一体化资源规划模式

基于教育资源分散性的现实情况，发展社区老年教育必须打破行业壁垒，实现资源整合。"社区老年教育结构设计的本质在于强调系统性和动态性。系统性是指相互联系、相互作用的诸元素的综合体，即力图研究联结和结合诸多教育机构要素关系的复杂网络，而不是社区老年教育中各个要素的特点和发展。动态性是指以整个社会系统作为大的背景，社区老年教育作为一个了系统，与其他社会系统以及系统内部的关系始终处于一种发展状态。对于社区老年教育的发展而言，不宜处于割裂和静态的研究层面上，只专注于一时一

---

[1]　杜嵩泉，游璇. 城市老年教育的社区化改造[J]. 福建广播电视大学学报，2018（6）：8-12.

地的实践总结和归纳，而应该更加注重系统性和动态意义上的深入研究，以多维共进的研究生态，提出具有对于社区老年教育实践发展的新的理论方法和进行实践指导。"[1]基于系统论思想，社区老年教育需通过资源整合方式进行一体化设计。首先是社区资源整合模式。将社区老年教育整体纳入社区建设规划，从社区环境改造、社区文化建设等多方位、多角度综合考虑其中的教育因素，寓老年教育为社区发展的重要组成部分，为构建新时代和谐型、学习型社区而努力。其次是学校教育资源整合模式。整合利用高校、中职学校、成人教育机构等教育资源，通过"引进来"和"走出去"的方式实现资源的互联互通和共建共享。最后是社区教育资源整合模式。充分利用群众艺术馆、文化馆、体育场、社区文化活动中心（文化活动室）、社区科普学校、公益组织、企事业单位等社会教育资源，联合开展老年教育活动。总之，资源整合不仅是为了提升老年教育资源的利用率和使用率，最关键的是通过资源统筹形式为社区老年人提供丰富多彩的教育服务。

三、构建多方联动的运行机制

社区老年教育要想取得长足发展，必须转变治理模式，构建多方联动的社区老年教育运行机制，改变以往管理体制混乱、资源使用效率低下的困境。首先，应明确社区教育的归口管理，将其纳入区域整体教育规划内，由教育部门承担社区教育职责。同时，进一步明确组织、人社、民政、妇联、工商、财政等相关部门在社区老年教育中的职责，并建立部门之间的常规性沟通协调机制。其次，鼓励社会力量积极参与提供社区老年教育资源供给。依据《中华人民共和国民办教育促进法》（第三次修正）的相关规定，积极引导社会资本参与举办社区老年教育机构，同时参照老龄事业相关管理规定享受优惠政策，进一步增加民办社区老年教育机构的占比，通过提供优质、多元和个性化的教育服务产品，以满足不断高涨的老年人学习需求。最后，进一步调动社区老年人主体的积极性和能动性。通过学习型组织建设、志愿者服务团队打造等形式激发并提升老年群体的自我组织、自我

---

[1] 杜嵩泉，游璇. 城市老年教育的社区化改造[J]. 福建广播电视大学学报，2018（6）：8-12.

管理、自我服务和自我教育的能力。

四、营造适应性老年学习环境

社区老年教育的有序开展必须依托社区环境和办学条件的不断改善，尤其需要充分考虑老年人的生理和心理特征。首先，通过营造学习型社区氛围的方式，促使终身学习理念深入人心，破除社区老年人接受继续教育的心理障碍，特别是部分老年人受制于传统思维，认为人老了没有接受教育的可能性与必要性，有的甚至会担心来自亲朋好友的嘲笑而止步于老年教育门槛之外。社区建设过程中需要打破这种传统的定向思维，积极营造学习型、和谐型的社区人文环境，引导老年人乐学、好学并在学习中探寻生命意义和存在价值。其次，通过改善社区设施设备的方式，为社区老年人的生活和学习提供安全舒适、便捷可靠的教育环境。在社区基础设施建设和改善过程中，应充分考虑老年人的现实需求，以人性化服务理念为指导，以方便老年人的生活和学习为主要原则，为老年人提供安全舒适、便捷可靠的生活环境。同时，社区设施设备的更新和完善也需加入教育元素，以耳濡目染的方式让社会主义核心价值观传遍社区的每一角落。最后，通过进一步提升社区教育机构办学条件的方式，为社区老年人提供丰富多样的教育资源。政府等相关办学主体应加大对社区教育机构的经费支持力度，以改善社区教育机构的办学场地、设施设备等为重心，不断提高教育服务的水平和质量。

五、大力发展"互联网＋老年学习"技术

"互联网＋"时代的到来，以跨界融合、创新驱动、尊重人性和开放包容的姿态引领社会经济发展。在知识经济背景下，互联网与教育的融合产生了一种新的教育形式即"互联网＋教育"。由于老年教育资源供给的有限性，尤其是优质教育稀缺，造成教育资源供给难以有效满足社会需求的局面。有鉴于此，通过大力发展"互联网＋社区老年教育"的形式可以极大地增加教育资源的供给能力，同时也有利于满足老年人多元化、个性化的学习需求，进而推动社区老年教育供给侧结构性改革。以云南省昆明市"916"数字养老社区为例，"916"数字养老社区以数字化平台为载体，着力打造"网上交友，扩大人际圈""线

下娱乐家，有益身心"互动交流平台。老年人不仅可以通过互联网与同伴、群体交流分享信息，还可以借助新媒体社区与年轻人开展对话。互联网融入老年教育，不仅丰富了老年人的生活圈，增强了老年人的幸福感、归属感，也有助于社会的和谐稳定[1]。简言之，发展"互联网＋老年教育"可以从多个方面切入。首先，打造"互联网＋老年教育"的共建共享平台，形成技术安全、运行有序、管理科学的资源载体；同时也为校际远程交流、远程视频教学、远程游学课程创造条件。其次，开发系列化、模块化的课程资源，通过资源库、案例库等形式的建设，为老年人提供更加丰富多样的学习资源。最后，运用"互联网＋"技术服务于招生管理、学员管理、教师管理、教室管理、学校管理、评价管理，提升社区老年教育机构的智能化管理水平。

---

[1] 张译之. 积极老龄化背景下社区老年教育模式的建构[J]. 吉林广播电视大学学报, 2018（3）：132-134.

第四章　社会教育路径供给老年教育资源

社会教育与家庭教育、学校教育共同构成了整个教育系统，最早的教育功能由社会教育承担并实现[1]。本研究所称社会教育主要是指利用文化（文化馆、图书馆、博物馆、纪念馆、艺术馆等）、科技（馆）、卫生（医疗卫生单位）、传媒（公共媒体）、体育（场馆）、旅游（景点）、休闲、娱乐等平台而开展的教育。社会教育以全纳性、补偿性与普惠性等天然属性，在老年教育资源供给中发挥着重要作用。随着时代的发展与变迁，社会教育资源也不断地丰富与迭代，呈现出多元化与复杂化的格局。

第一节　社会教育供给老年教育资源的依据与意义

一、社会教育供给老年教育资源的依据

社会教育是一种独立的教育活动，是学校教育、家庭教育的有益补充。社会教育的实施主体更加多元，教育形式丰富多样，教育对象非常广泛，因此，以社会教育推进老年教育，为老年教育的发展提供了新思路。

---

[1]　侯怀银，张宏波."社会教育"解读[J].教育学报，2007，3（4）：3-8.

（一）政策支持：社会教育供给老年教育资源的有力保障

随着我国逐步进入老龄化社会，党和国家高度重视老年人的学习需求。1996年8月29日，全国人民代表大会审议通过了《老年人权益保障法》，从法律层面肯定了老年人的受教育权利，提出将老年教育纳入终身教育体系，鼓励社会开办高质量的老年教育。为了让更多老年人享受优质的教育资源，党和国家充分肯定了社会教育的价值与意义，并对社会教育参与老年教育提出了一定的要求。2016年10月5日，国务院办公厅印发《老年教育发展规划（2016—2020年）》，该规划坚持"党委领导、政府主导、社会参与、全民行动"的老龄工作方针，以扩大老年教育供给为重点，整合社会资源，激发社会活力，推动美术馆、图书馆、文化馆（站、中心）、科技馆、博物馆、纪念馆、公共体育设施、爱国主义示范基地、科普教育基地等向老年人免费开放。此外，各地方政府也出台了一系列文件明确社会教育在老年教育中的地位与职责。例如，《北京市关于加快发展老年教育的实施意见》指出，坚持党委领导、政府主导、社会参与、全民行动的老龄工作方针，充分调动社会各类资源参与老年教育，整合教育、文化、体育、科技等资源，建设老年教育基地，向老年人开放。《河南省老年教育发展规划（2017—2020年）》明确指出，要"完善基层社区老年教育服务体系，整合利用现有的社区教育机构、县级中等职业学校、乡镇成人文化技术学校、村（居）委会居民学习点等教育资源，以及群众艺术馆、文化馆、体育馆、社区文化活动中心（文化活动室）、社区科普学校等，开展老年教育活动"；要"整合文化、体育、科技资源服务老年教育，要推动美术馆、图书馆、文化馆（站、中心）、科技馆、博物馆、纪念馆、展览馆、艺术馆、公共体育设施、爱国主义示范基地、科普教育基地等向老年人免费开放"。《重庆市人民政府办公厅关于老年教育发展的实施意见》（渝府办发〔2017〕192号）规定，鼓励规划展览馆、博物馆、艺术馆、文化馆、体育场、图书馆等免费向老年人开放。由此可见，国家和各级地方政府对社会教育助力老年教育的支持与引导，为老年教育资源的丰富创设了良好的政策支持环境。

（二）现实需求：老年教育的发展需要社会教育

国家统计局数据显示，2020年，我国大陆地区60岁及以上的老年人口总量为2.64亿人，占总人口的18.7%；"十四五"时期，我国人口老龄化水平将从最近几年相对缓速的演进状态扭转至增长的"快车道"，老年人口年净增量几乎会从21世纪的最低值（2021年出现）

直接冲上最高值（2023 年出现）。虽然我国已实现全面建成小康社会的宏伟目标，进入全面建设社会主义现代化阶段，但"未富先老"的社会特征不断凸显，尤其是老年人对老年教育的迫切需求与发展不充分的老年教育资源之间的矛盾日益加剧。据新闻报道，成都老年大学预计招生 2 000 多人，实际报名 20 000 多人；上海部分老年大学办学点出现老年人凌晨三四点排队的现象。北京东城区一所公办老年大学招收了 4 000 多人，虽然每年开设的班级增加到一百多班次，但入学名额依旧一"座"难求。事实上，不仅老年大学供不应求，一般老年教育机构提供的教育机会也非常有限，仅有少数老年人能够享受到老年教育机构的教育资源。与此同时，优质、高水平的老年教育尤为短缺。社会教育不仅可以拓展老年教育资源，作为实施老年教育的主要途径之一，还可以为老年人提供更加优质、形式多样的老年教育，为老年教育的持续、健康发展提供有力支撑。

（三）理论延伸：老年教育相关理论的创生与发展需要研究社会教育

社会教育作为实施老年教育的主要途径之一，对社会教育的相关理论研究有助于丰富老年教育理论研究成果，更有助于推动老年教育实践的发展。但是，经梳理文献可知，当前研究者对社会教育，尤其是社会教育助力老年教育的相关理论研究远远滞后于实践的需要，不仅社会教育助力老年教育的价值尚未得到充分彰显，而且对社会教育助力老年教育的体制机制、创新路径、基本模式、影响因素等的研究也严重不足。因此，深度挖掘社会教育的育人价值，探究社会教育与老年教育的耦合性与适切性，就现实地成为研究者的重要任务之一。

二、社会教育供给老年教育资源的意义

（一）社会教育能够满足老年人自我价值实现的需求

社会的持续发展、科学技术的不断变革带来了人类角色的多元化，使人的自我连续性受到潜在的威胁。也就是说，个体所处的社会环境处于不断变化中，个体很难照搬原有的知识、经验、技能来适应新的社会环境。人类文明史表明，人的发展总是沿着一条客观轨迹展开，由不充分向充分、由依赖向自主、由片面向全面方向发展。人的充分、全面而自主地发展是人的本性之一，也是人类社会的最高目标。社会生产力的持续发展极大地提

高了人们的生活水平，人的这种本性反映日益明显，特别在老年阶段尤为突出。一般而言，老年人有较为明显的自我实现需求。原因在于老年人摆脱了工作的束缚后，有了更多的闲暇时间去追求更高层次的精神需求的机会和条件，产生自我实现的需要。这种追求自我完善的需求可以借助社会教育得以实现。

（二）社会教育能够提升老年人的社会参与能力

社会教育将教育同社会生活、休闲娱乐等连接起来，从而使社会教育的教育内容更为丰富、教育资源的种类更为多样、教育场所更为宽泛、教育形式更为灵活便利。而且，社会教育受阶层、年龄、种族、生活阅历等的限制较少，可以说，每一个人在社会中都能接受到适宜的教育。这就使社会教育为老年群体实现终身教育搭建了很好的平台，这不仅是一种填补老年群体生活空白的社会服务，而且向老年群体提供多层次、多专业的学习机遇，增强了老年群体的社会参与能力，增强了对社区的认同感和归属感，将有效推进社会主义和谐社区的创建。

（三）社会教育能够通过发展老年教育进而助力学习型社会的构建

尊重社会成员的自由选择权，赋予社会成员充分的自主决定权，是社会教育的基本准则。老年人参与社会教育主要有两种类型，即被动式参与和主动式参与。被动式参与主要是指由于经济的快速发展、技术的变革、人类思维方式的改变等，人类的生产生活方式处于不断的变化中，我们很难用昨天的方式方法解决今天面临的困境。为了更好地适应社会的变化，老年人不得不参与学习，持续提升适应社会的能力。主动式参与主要是指老年人为了满足自身更高层次的精神需求或提升身体素质而发自内心、自觉自愿参与的学习。例如，有些老年人年轻时因各种原因未能接受到良好的教育，退休后，往往会积极主动地参加老年大学或老年学院进行学习。不管是被动式参与还是主动式参与，老年人在参与学习的过程中，不仅提升了自身的文化素养，也推动了学习氛围的形成。而且，老年教育是学习型社会的重要组成部分，老年人在参与老年教育的过程中，有力地推动了学习型社会的形成和发展。

第二节 社会教育供给老年教育资源的现状与问题

一、社会教育供给老年教育资源的现状

社会教育资源的来源非常广泛,包括博物馆、文化馆、美术馆、图书馆以及各种纪念馆、旅游景区等,都属于社会教育资源范畴。社会教育资源能够满足公众多元化的教育需求,涵养公众的人文情怀、公民素养、审美能力等。早期,人们更为关注社会教育资源的收藏、展示功能,当前社会教育资源在自然、历史、人文等方面的教育功能受到更多的关注。而且,很多社会教育场馆主动承担起育人职责,积极参与学习型社会的构建。例如,上海市自然博物馆打造了"自博馆课堂",开设了30多门活动课程,并配备了师资和课程包;上海外滩历史陈列馆开设了"阅读租借"专题学习课程。[1]。社会教育资源的丰富性、具象性、便利性等特点,为老年教育的发展提供了良好契机,将社会教育资源融入老年教育成为老年教育发展的基本趋势。首先,博物馆、纪念馆等完全向社会公众开放。2008年1月,中宣部、财政部、文化和旅游部、国家文物局联合下发《关于全国博物馆、纪念馆免费开放的通知》,规定自2008年起,免费开放中央级文化文物部门归口管理的博物馆,各省级综合博物馆,各级宣传和文化文物部门归口管理的列入全国爱国主义教育基地的博物馆、纪念馆等。2009年,除了文物建筑及遗址博物馆,全国各级文化文物部门归口管理的公共博物馆、纪念馆,全国爱国主义教育基地等全部向社会免费开放。其次,美术馆、公共图书馆、文化馆(站)等限制开放性社会教育资源基本免费开放。公共图书馆、文化馆(站)不仅开放了公共空间设施场地,还逐步完善了与其职能相适应的基本公共文化服务项目,并向社会免费开放。再次,旅游景区、现代工农业产业园等产业性社会教育资源调整收费门槛。2007年8月,国家旅游局转发国家发改委《关于进一步规范游览参观点门票价格管理的通知》,规范了景点门票价格上调频率,同时要求城市休闲公园逐步向社会免费开放。最后,逐步完善社会教育资源平台。有数据显示,全国80%的省级电教馆开通了数

---

[1] 姜媛媛.教育均衡发展背景下区域内社会教育资源整合的思考[J].青少年研究与实践,2017,32(2):61-64.

字化资源平台，部分已经与中央电教馆国家基础教育资源网连接，形成了颇具规模的数字化教学资源战略体系。遗憾的是，由于应用理念与意识不够、机制不健全导致社会教育资源开发尚面临一些问题。

社会教育隶属于非政府部门的社会民间机构组织体制模式，是老年教育的重要支持力量。这些社会教育资源的开放与开发，不仅可以为老年教育提供优质的学习内容，丰富老年教育的学习形式，还能有效地激发老年人的学习兴趣，拓宽老年人的视野。事实上，社会教育作为学校教育的重要补充，其对老年人的影响更为深远。

二、社会教育供给老年教育资源的问题

（一）社会教育供给的问题

虽然社会教育在参与老年教育资源供给方面取得了一系列成效，积累了较为丰富的典型经验，但实施中仍然存在不少问题，主要表现在缺乏统筹、资源分化与利用率不高等方面。

1. 社会教育供给老年教育资源缺乏有效的规范和引导

从社会教育的属性来讲，社会教育隶属于国家基本公共教育体系，社会教育的发展需要给予规范与引导。据此，有人提出，要制定社会教育公共服务的国家标准，从服务项目的类型、服务对象的范围、保障标准、支出责任等方面规范社会教育公共服务，以引导社会教育公共服务的制度化、规范化和体系化。以日本、韩国为例，这两个国家都通过社会教育立法、制定相关的教育政策等方式，指导和监督社会教育事业的发展。目前，我国尚未设立专门管理社会教育的行政机关，也缺乏上下联动的社会教育行政管理体系，而且对社会教育的引导散见于其他政策法规中，并未制定专门针对社会教育发展的法律法规。因此，这就直接导致了社会教育缺乏强有力的政策引导，在实践中也难以得到高效实施，最终难以取得令人满意的实际效果。

2. 社会教育资源的分散化特征不利于老年教育资源的有效整合

尽管诸多社会教育资源如公共图书馆、博物馆、文化馆、各种类型的纪念馆等逐步向社会公众免费开放，并利用自身资源优势积极融入老年教育，包括开发老年教育课程、

开展老年教育讲座、探究与其他老年教育机构的合作交流模式等，但整体而言，这些社会教育资源仍然处于流散状态。即资源之间缺乏有效的整合，导致资源的重复配置、低效运转。以公共图书馆为例，虽然很多公共图书馆已经开始探索老年教育，但受诸多因素的影响，公共图书馆在探究老年教育的过程中，基本上都是"单兵作战"，难以与其他机构达成合作。

3. 社会教育资源的开发利用率不高

社会教育作为老年教育的有效实施途径之一，本应为老年教育提供丰富的教育资源，尽可能地满足老年人的学习需求。然而，尽管有不少社会教育资源逐步参与到老年教育当中，但这些资源固守其原有的功能，未能深刻地认识到自身在老年教育中的职责和义务，以致对老年教育资源的开发程度不足，利用效率也低。

（二）社会教育供给老年教育资源的影响因素

1. 安全防范意识过于深刻

合理的安全防范意识有助于组织者合理评估与防范各种可能存在的潜在危害，减少活动举行中不必要的人与财物的伤亡与损失。然而，因制度原因，教育活动中的安全事故往往采取一刀切的责任人无限追究制度，不由得活动举办者为避免潜在的危险和麻烦，采取消极做法，不轻易举办任何社会教育活动。在利用社会资源开展老年教育的过程中，举办活动不可避免地存在一定程度的安全隐患。而老年群体因身体素质较差，在参加活动过程中极易出现安全事故。当不良事故发生时，组织者必然会被追责。这种简单粗暴的追责方式衍生出的狭隘的安全防范意识，是影响社会教育供给的重要原因。

2. 管理体制混乱

如前所述，我国的社会教育主要由文化、科技、教育等部门管理，尚未设置专门管理社会教育的行政机关。由于部门之间缺乏长效协同合作机制，常常政出多门，以致社会教育的管理体制较为混乱，发展陷入困境。

3. 经费投入不足

从总体上看，我国仍处于社会主义初级阶段，发展不平衡、发展不稳定与发展不科学等问题仍然时时困扰着我们。人们并未认识到社会教育对提高老年群体的基本素养、增强人力资源实力、赢得核心竞争力的重要意义。也没有认识到社会教育资源在老年教育中的重要作用，更没有形成为营造学习型社会环境而努力的意识氛围，因此造成丰富的社会教育资源封闭在自身领域，仅仅起到特定行业自身的功能效果，未能实现物尽其用，造成资源的极大浪费。由此可见，社会教育资源供给还不完全、充分，远远不能满足服务老年教育的需要。而且各种社会教育资源有其自身的本职功能，应当在优先发挥其本职功能的前提下，再发挥教育功能，因而完全开放必然受到限制。目前，很多社会教育资源还需有偿使用才能实现可持续利用和更新换代，也影响了社会教育资源的开放程度。

第三节　社会教育供给老年教育资源的案例与经验

一、社会教育供给老年教育资源典型案例

（一）老年科技大学助力老年人走进数字时代

为了提升老年人的科学素养，帮助老年人更好地适应智慧社会，在重庆市科协的统筹指导下，由重庆市老科协牵头，2022 年 6 月 14 日，重庆老年科技大学在重庆科技馆正式举行揭牌仪式。重庆老年科技大学挂靠于重庆科技馆，由重庆科技馆制定老年科技大学管理细则并实施管理。为了落实以点带面实施智慧助老行动，重庆市鼓励区县科技馆、新时代文明实践中心、公共文化服务中心等开办区县老年科技大学，或者以社区科普大学、养老服务社会组织等为依托开办教学点，尽可能地使更多老年人享受智慧教育。据悉，重庆老年科技大学将每年为全市老年科技大学培训骨干教师 500 名，由区县老年科技大学指导和组织教学点开展老年教育。

重庆老年科技大学开展教学实践活动的形式较为灵活，既有线上教学，也有线下面对面的教学，以满足老年人多元化的学习需求。在课程设置方面，重庆老年科技大学以老年人数字素养、健康素养为重点，以满足老年人"吃、住、行、购、娱、健、医"等需求为主要目标，将智能技术与老年人的需求相结合，致力于提升智能社会老年人的科学素养。

重庆老年科技大学设置的课程主要有两大类，即数字技能类课程和健康常识类课程。其中，数字技能类课程主要开设网上政务、交通出行、预约挂号、生活缴费、手机银行等与智能手机应用相关的课程，以及预防电信诈骗、人工智能、智能家居、智能汽车等相关课程；健康常识类课程主要开设膳食营养、心理健康、科学急救、药品安全和食品安全等相关课程，也会对老年人进行健康基本知识和理念、基本技能、健康生活方式与行为等培训。重庆老年科技大学首期培训班以"共进智能时代 共享智慧生活"为主题，课程内容主要包括智能手机、智慧医疗、智慧金融、智能家居、心理健康、科学传播方法及防止诈骗等，来自各区县老年科技大学、社区科普大学的骨干教师共120余人接受了培训。为了让本次培训课程惠及更多老年人，培训课程全部录制成视频，并上传到科普重庆官网"重庆老年科技大学线上平台"，供需要者学习。

（二）皓首为学博古游——博物馆里的老年大学

在五千年的历史长河中，中华民族形成了完善的礼仪规范和传统美德，被世人称为"文明古国，礼仪之邦"。自古以来中国人都十分注重礼仪礼节，以此表达对他人的尊重：问人姓名用贵姓，问人年龄用贵庚；读人文章用拜读，请人改文用斧正；请人批评用指教，求人原谅用包涵。

在各项礼仪规范中，尊老、敬老、爱老更是中华民族的核心传统美德，这些敬老文化在博物馆文物中也时有体现，例如陕西历史博物馆展厅内陈列着象征长寿的桃形忍冬纹镂空五足银熏炉、甘肃武威市博物馆收藏着中国最早的"老年人保护法"《王杖诏令册》、徐州博物馆展厅内陈列着鸠形铜杖首等藏品。

山西博物院"民族熔炉"展厅，也陈列着一件反映古人尊老敬贤的文物——木雕鸠鸟。这件小小的木雕鸠鸟，是汉代敬老文化最为具象的展现。

纵观历朝历代，赡养老人的做法差异很大，最好的要数汉代。西汉初期，国家刚刚恢复安定，皇帝就颁布了养老诏令，凡80岁以上的老人均可享受"养衰老、授几杖，行糜粥饮食"的待遇。汉明帝在位时，曾举办过一次特别宴会，参加宴会的都是当时的古稀老人，大家不分身份地位，也没有繁文缛节，老人们与汉明帝坐在一起，觥筹交错，言笑晏晏。宴毕，汉明帝不仅给每一位老人赠送了酒肉黍米，还额外赠送了一根制作精巧的手杜。据《后汉书·礼仪志》记载："仲秋之月，县道皆案户比民，年始七十者，授之以玉杖，哺之糜粥。八十、九十，礼有加赐。玉杖长尺，端以鸠饰。鸠者，不噎之鸟也，欲老人不噎。"由此可见，汉代的养老敬老，不仅务实，而且还有良好的健康祝愿。

为了践行尊老敬老美德，山西博物院还策划了系列专属课程：

4 月：穿越北朝去踏青——"胜日寻芳"文化分享 + 书签制作体验

5 月：挑灯照影戏人生——皮影戏历史文化分享

6 月：诗情端午诵经典——端午小情景剧吟诗对赋 + 香包制作

7 月：暑期清凉在省博——夏日消暑养生讲座

8 月：文以载道书古今——汉字与书法文化分享 + 书法知识小课堂

9 月：咫尺婵娟话团圆——中秋节文化分享 + 做月饼体验

10 月：重阳九九弘孝道——奉茶古礼 + 开辟省博传声筒

11 月：文物环保有其道——雁鱼铜灯的巧妙构思 +DIY 制作

12 月："博学物 show"征集令——征集老年观众优秀文艺作品

（三）文化馆为老年人打造家门口的学校

为了让"老有所学"落到实处，石台县文化馆一馆两用——日常工作时间供老年大学上课，双休日和节假日则接待少年儿童进行公益培训，此举盘活了既有资源，又让老年人就近、就便参与学习。

据石台县老年大学相关负责人介绍，石台县文化馆坐落在新城区，附近有几个较大居民区。为了进一步盘活资源，将学校办到居民家门口，2020 年 12 月，石台县老年大学整合县文化馆场所、设备等资源优势，与县文化馆合作办学，设立了石台县老年大学金钱山校区，进一步扩大了石台县老年大学办学规模。"文化馆日常工作时间用于老年大学上课，双休日和节假日接待孩子兴趣班公益培训。"该校区自开办以来，给附近老年学员带来极大方便。

据介绍，石台县老年大学金钱山校区目前有教室 5 间，多功能厅 1 个、报告厅（演艺厅）1 个，室外活动广场 800 平方米。2021 年春季正式招收学员，为满足学员需求，先期开设戏曲（身段）、太极、瑜伽、二胡、朗诵 5 个专业 5 个班级，共招收学员 58 人。2022 年秋季拟开设太极、二胡、书画、瑜伽、朗诵等 5 个专业 5 个班级，计划招收 70 名学员，学期安排上课须满 15 周。

（四）养老院开设"老年大学"

将"老年大学"开办在养老机构内部，结合老年人的兴趣爱好和学习需求，开设多门兴趣课程，让老人养老不孤单……为使在院老人同样享受到社会化需求服务，市北区试水兴趣养老。养老机构尝试与老年大学结合，推动老年人发展晚年兴趣爱好，培养积极的生活态度，在"精神养老"新模式上做出有益探索。

据悉，目前，万科怡园长者公寓已开设声乐、书法、国画、读书会、手工、棋牌等多门课程。"结合老年人的兴趣爱好和学习需求，我们将'老年大学'开办在养老机构内部，每天开设 2～3 课时，每周至少开设 15 课时，让每位老人都可以找到兴趣相投的朋友共同学习和交流，让养老不再孤单。"工作人员说，为了让身体有余力的老人积极报名参与课程，他们还开设"幸福银行"，根据学习成绩，为老年人发放数量不等的"幸福币"。根据积累的"幸福币"，老人可以在养老机构内兑换日常生活用品，使其在老年大学获得更多的认同感并实现自我价值。

为了使老年大学开办得有声有色，万科怡园长者公寓不仅请来专业教师授课，还积极鼓励有特长的老人参与授课，在发挥余热的同时实现自身价值。"国画班的授课老师是 93 岁的王奶奶，别看岁数大，但她思维清晰，退休前是高中老师，热爱书法、国画，暑假前，每周教学一节课，带着同学们一起画画。"

市北区民政局工作人员表示，万科怡园长者公寓尝试与老年大学相结合，推动老年人发展兴趣爱好，培养积极的生活态度，在"精神养老"新模式上做出有益探索。市北区将结合养老服务行业科学规划、加快完善养老服务体系，倡导、鼓励养老服务机构在提供基础养老服务的同时，不断丰富老年人的精神文化生活，让养老生活变得有声有色。

（五）高职院校和图书馆共建老年大学

2021 年 10 月 18 日，重庆文化艺术职业学院老年大学示范校在巴南区图书馆正式开课。据悉，该老年大学示范校为重庆文化艺术职业学院与巴南区图书馆共建，旨在构建现代公共文化服务体系，服务地方公共文化发展，提升地方全民艺术普及率和老年群体文化生活质量，以及落实双高建设任务中"社会服务"项目（社区教育示范性基地和老年大学示范校建设）。将学院师生"送出去"，让他们深入社区、深入街巷，有利于提高学院师生服务社会的思想自觉，有利于提高其对老年教育服务的积极性、主动性，使其充分认识到老年教育对于区域发展、社会稳定的重要作用。我国人口老龄化速度快，数量庞大，办好老年大学，对提高老年人生命和生活质量都有重要意义。

二、社会教育供给老年教育资源典型经验

（一）注重供需双方的双向奔赴

老龄化社会日渐加剧的现实表现为老年人口的不断增加，人们在物质生活满足之后自然就对精神生活有了更高需求，但是由于正规教育形式的老年大学系统承载能力有限，进而造成供需矛盾不断加大。针对这种老年人需求旺盛且层次多元的现实情况，作为公益性为主的社会教育机构无论从扩大社会影响力，还是从其终身教育体系组成部分的内在属性来看，都具备开展老年教育活动的必要性。此外，不同社会教育机构因自身性质的差异，使各自能够提供的老年教育资源颇具自身特色。例如，博物馆可提供历史、考古、文化等方面的教育资源，文化馆可提供文学、艺术等方面的教育资源，科技馆可提供现代信息技术等科学知识；这些社会教育机构本身就蕴藏着海量的老年教育资源。社会教育机构类型与禀赋的多样性，能提供的老年教育资源种类丰富、形式灵活，客观上能够满足不同老年人的差异化学习需求，推动"老有所学后的老有所得进而老有所为"。

（二）强调合作单位的双向共赢

社会教育供给老年教育资源多数会以机构联合的方式开展，例如重庆文化艺术职业学院与巴南区图书馆合作开展老年教育活动，养老院与老年大学联合为老年人提供精神发展支持。这种携手共促的老年教育资源供给方式，可以达到一加一大于二的溢出效应，实现老年教育资源"倍增"的实践效果。像职业院校具备师资、专业、设备和志愿者等优势，图书馆具备场地、管理、图书以及社区动员等能力，两者结合就能轻松突破单纯依靠自身力量办学的不足，使老年教育活动的内容、形式及质量得到进一步拓展。目标指向为老年人提供高质量教育资源，在此过程中还能促进合作单位的双向共赢，使职业院校的社会服

务功能得到有效发挥、图书馆办学能力获得实质提升、养老院的物质养老与精神养老协调发展、老年大学的品牌输出等。分散型学习资源因为不同单位的携手得以整合，老年教育资源总量在这一过程中获得"加速度"发展，同时也使社会教育机构的价值得到进一步彰显。

第四节　社会教育供给老年教育资源的实施与保障

社会教育作为一种颇具人文关怀色彩的普惠性与大众化的教育类型，是解决资源不均衡的重要承担者，它因兼具丰富性、多样性与灵活性的天然属性，可以有效地弥补老年教育资源供给不足的缺憾。为了更好地开发、利用社会教育资源，可从以下四个方面着手改进。

一、强化顶层设计和政策引导

社会教育作为一项惠及全民的公益性事业，其发展离不开政策支持和制度保障。不同的社会教育机构，归口管理部门差异巨大，在政策导向上或多或少会留下"部门痕迹"，例如文化馆可能会站在公共文化服务体系角度思考功能定位，认为教育职责理应归属教育部门，这样就会陷入老年教育究竟姓"老"还是姓"教"或者姓"文"的纠结中。因此，为了打破部门藩篱，可以从更高层次的上位法入手，尽快制定《社会教育法》《成人教育法》，并与老年教育政策进行统筹规划，明确社会教育机构在终身教育服务体系构建中的职责与使命，并使之制度化，进而为社会教育机构供给老年教育资源扫清制度障碍。

二、鼓励各类社会力量积极参与

《老年教育发展规划（2016—2020年）》等多个与老年教育发展相关的政策性文件均提出，要坚持"党委领导、政府主导、社会参与、全民行动"的老龄工作方针，把重点放在扩大老年教育供给方面，推进社会资源的整合，多层次、多路径激发社会活力，着力构建具有中国特色的老年教育发展新格局。社会力量参与老年教育具有独特优势，主要体现在：社会教育资源更为丰富多样，例如公共图书馆、博物馆、各种纪念馆、文化馆及现代媒体等，都属于社会教育资源范畴；社会教育的参与主体更加多元，包括各种社会组织、高等院校、职业院校、新闻媒体以及有意参与社会教育的企业等；社会教育的场域更加多元，既包括具有线下实体的教育场域，也包括依托信息技术的线上教育场域等。社会教育所独有的优势为老年教育的发展创造了良好的机遇，成为拓展老年教育的重要途径。首先，积极引导社会组织参与老年教育。社会组织相对独立于政府之外、是以为人类谋幸福为宗旨而自发形成的群体，是社会教育的基层组织者。鼓励和支持社会组织参与老年教育，激发社会组织的积极性、主动性和创造性，有助于扩充老年教育资源供给，丰富老年教育的形式与内容。其次，为高等院校、职业院校等参与老年教育创设良好的合作交流平台。高等院校、职业院校等不仅具备优质的硬件设施设备，还拥有实力雄厚的师资队伍，能够为老年教育提供优质的教育资源。以高等院校、职业院校等为依托，引导其积极参与老年教育，能有效地缓解老年教育资源短缺的困境，推动老年教育的良性发展。再次，激发社会资本举办老年教育。采取政府购买服务、委托管理、项目外包等方式，引导社会资本积极开办老年教育，丰富老年教育办学体制，拓展老年教育办学形式，围绕老年人的学习需求举办适合老年人的教育。上海市已有多所社会力量举办的老年大学成立，如百姓网兴办以时尚为特色的花样老年大学、小白鸽舞蹈学校兴办以舞蹈教学为主的小白鸽老年大学、上海星摄文化发展有限公司依托星光摄影城兴办以摄影技术为特色的星光老年大学，等等。

三、以社区为纽带整合社会教育资源

社区通过开发老年人的人力资源，以参与、合作、自治的形式提高社区老年教育的效能，充分利用各种人力、物力及财力资源，以社区为中心整合一切社会教育资源，实施有特色的个性化教育。首先，社区应尽可能地整合一切可以利用的教育资源，如学习场地、学习资料等，避免教育地点的单调重复和教育形式的单一枯燥，注重对教育资源的优化和整合，从老年人的学习需求出发，为其提供优质的教育资源。同时，协调联动图书馆、文化馆、养老院、医院等社会教育机构开展各类"送教上门"服务，依托社区平台开展形式多样的老年教育活动，为社区老年人提供就近便利、丰富多彩的学习资源。其次，社区应当为社会教育机构开展老年教育活动提供强力支持。社区应主动与辖区内的图书馆、文化馆、博物馆等社会教育机构建立密切联系，在社会教育机构主动开展老年教育活动时提供必要的场地和宣传动员等方面的支持。

四、推进现代信息技术与老年教育的融合发展

技术是推动社会发展的基本动力，技术变革势必影响老年教育的发展。早期的老年教育主要依靠面对面教学方式才能实现，随着 Web1.0、Web2.0 尤其是 Web3.0、Web4.0 的快速发展，极大地改变了老年教育的形态，老年人可以随时随地开展符合自身需求的学习活动。当前，"互联网＋"、大数据、云计算、虚拟现实技术及虚拟仿真技术、人工智能等正以风起云涌之势席卷全球，不断地渗透进社会生活的方方面面。将现代信息技术运用于老年教育，并推进现代信息技术与老年教育的深度融合，是老年教育发展的必然选择，也是老年教育发展的新的生长点。具体而言，一是以现代信息技术扩充老年教育的内容。充分借助"互联网＋"变革老年教育内容的承载形式，将纸质教育内容与电子教育内容相结合，丰富老年教育资源的承载形式。同时，借助现代信息技术"去中心化"特征，精选适合老年教育的内容，力争让每一位老年人都能通过现代信息技术获得个性化教育。二是以现代信息技术推进"线上＋线下"混合式教学。将传统的面对面教学与依托现代信息技术的网络教学相结合，满足老年人多样化的学习需求。三是以现代信息技术改变教学内容的呈现形式。借助虚拟现实技术、虚拟仿真技术及云计算、人工智能等，将抽象的教学内容转化为具象化的教学内容，便利老年人理解教学内容。四是以现代信息技术引导老年人及时调整学习计划。充分发挥"互联网＋"、大数据、云计算等作用，建立可跟踪、易于量化的学习检测系统，以引导老年人及时调整学习计划，并找寻新的学习兴趣。

第五章　公益组织路径供给老年教育资源

在终身学习的时代背景下，老龄化社会中的老年人对老年教育愈发显现出多元化和多层次的需求。由于资源的有限性，政府只能在一定程度上将有限的公共资源用于最紧迫的公共事务，从而影响其他公共事务的资源配置。老年教育资源的巨大需求和不平衡、不充分的老年教育资源供给，已然成为制约老年教育发展的主要掣肘。如何将更多的教育资源投放到老年群体中，助力老年群体生命质量的提高，如何使教育成为打破社会资源分配不均的利器而非产物，不仅需要政府的扶持和引导，而且需要多种社会力量的参与和行动。公益组织作为不同于政府和市场的第三种教育资源整合与配置力量，在参与教育资源供给与分配方面扮演着不可替代的角色，对促进老年教育资源供给的结构优化具有重要作用。[1] 目前，学界关于何为公益组织众说纷纭，尚无统一定论。公益组织与政府组织、企业组织不同，学者们常将其与非政府组织、非营利机构、第三部门等混淆使用。公益组织以其非政府性、非营利性、自治性、资源性、组织性等为突出特征，是面向社会公众尤其是社会弱势群体，提供救济援助、关注教育、文化体育、环保等公益事业的社会组织，狭义的公益组织有基金会、公益性社会团体、慈善组织等，广义的公益组织有行业协会、社区组织、兴趣团体和公益非企业单位等。本研究所称公益组织主要是指广义的公益组织。

---

[1]　叶忠海. 社区教育深入发展中的若干问题 [J]. 广州城市职业学院学报, 2011, 5(1): 1-4.

第一节　公益组织供给老年教育资源的依据与意义

一、公益组织供给老年教育资源的依据

当前，关于公益组织的界定可谓仁者见仁，智者见智。本研究认为，公益组织是介于政府和营利部门之间的，不以营利为目的，依靠捐款、政府拨款等非营利性收入，从事政府、企业无力、无意或无法作为的公共事业，以解决公共问题、实现和增进公共利益、促进社会和谐稳定发展为目的的组织。实践证明，在政府乏力作为，而市场主体无意作为的老年教育领域，公益组织日渐成长为一大主角。如果说，公益组织是我国老年教育资源供给中的"小荷才露尖尖角"，那么公益组织在涉足老年教育资源供给后，就凭借其独特的优势，逐渐获得越来越多的关注和认可。

（一）有效、精准地瞄准不同需求，充分识别老年教育资源需求侧

随着人们生活水平的提高，老年学习需求呈现"井喷式"增长，表现出多元化的倾向。不同性别、文化程度、身体状况、年龄、收入水平的老年人对教育的需求明显不同，老年教育的需求涵盖保健养生、营养食品、休闲娱乐、科技发展等内容，包含养老教育、休闲教育、潜能开发教育、参与适应教育[1]等方面。简言之，只要是有益于提高生命质量、丰富老年生活的资源和内容都可能成为老年教育需求侧的重要部分。老年教育需求的多样化势必对老年教育资源提出多元化的要求，而政府在教育产品供给和教育资源分配中难以兼顾多元化的需求。

面对这些多元化、差异化的老年教育资源需求，公益组织具有先天的精准瞄准和甄别优势。这与公益组织与生俱来的公益性、利他性、慈善性，及参与者和领导者所葆有的对社会热点问题的敏感性和洞察力、强烈的社会责任感等组织特征密切相关。这些特征使公益组织能够集中主要力量优先将相关教育资源输送给真正需要帮助和资源供给的老年群

---

[1]　叶忠海. 老年教育若干基本理论问题[J]. 现代远程教育研究，2013, 25 (6)：11-16, 23.

体。此外，与政府自上而下的决策和话语机制不同，公益组织长期"深耕民间"，对弱势群体的教育资源需求具有高度敏感性，能将教育这只"看不见的手"触及政府所不能及的教育资源短缺的领域[1]。与基层民众天然具有更为密切的联系，使公益组织能更容易发现老年群体对教育的真实需求和某些极易被忽略的特殊需求。

（二）专业服务老年教育，有针对性地满足老年教育资源的需求

公益组织在提供老年教育资源时相对更具专业性和针对性。公益组织往往具有独特的功能导向和目标指引，以实现特定目标、改善特定对象的某一境况为组织存在的宗旨和意义。在老年教育资源提供方面，公益组织能够快速地组织起具有专业基础的志愿者，从而保证老年教育资源供应的人力基础。同时，具有专业基础的志愿者更能了解和明晰老年人的教育需求，可以有针对性地积聚老年教育资源。此外，基于公民的志愿情结，公益组织更能赢得人们的支持和认可，人们更愿意响应公益组织的号召，志愿提供人力或物力支持，这就使公益组织往往具有积聚更多老年教育资源的能力，也更加具有精准提供老年人所需教育资源的能力。

所谓"针对性"是相对于政府在教育资源供给中的普遍性特征而言的，政府面向老年群体提供教育资源和教育产品时难以兼顾老年人的个体差异，正如已有研究指出，政府由于自身权力和资源的局限性，其所提供的公共物品和相应服务无法满足具有特定偏好的老年人，无法为他们提供具有针对性的服务和资源，这就为非政府组织的存在提供了生存空间[2]。而公益组织天然具有的亲民性等特征，使其能够更加深入老年群体，接近老年人的生活与学习[3]，也更容易拉近公益组织与老年人的关系，了解老年人对老年教育的真实需求，在大量调查和实地考察基础上为老年人提供富有针对性的老年教育资源，差异化回应老年人的不同教育需求。

（三）摒弃科层制的低效结构，灵活回应老年教育资源的差异化需求

相比政府机构的臃肿、冗杂、烦琐、低效和滞后，公益组织往往更具灵活性和适应性，

---

[1] 张睦楚. 美国十万强基金会的筹款路径[J]. 高教发展与评估, 2016, 32（2）: 82-90.

[2] 谢蕾. 西方非营利组织理论研究的新进展[J]. 国家行政学院学报, 2002（1）: 89-92.

[3] 何增科. 公民社会与第三部门[M]. 北京: 社会科学文献出版社, 2000: 325.

"船小好调头"正是对公益组织灵活性的精准表述，作为第三方资源供给机构，公益组织在老年教育资源供给中能够对多样化的老年教育需求作出更迅速、及时的反应，能够在老年教育资源供给中进行更加高效的资源配置和管理。公益组织的组织结构摒弃了科层制的低效结构，以老年教育资源需求的实际问题导向架构组织，在资源供给中不仅具有更强的问题解决能力，而且能够适应城乡、不同年龄、性别、职业、收入、社会地位的老年人对教育资源的需求，及时调整人力、资金及其他资源投入，能够根据组织特点和特色建构起基于老年教育资源供给的服务体系[1]。

此外，公益组织自身所具有的慈善性、公益性和利他主义精神，使其能够较好地调动除政府部门以外的企业、学术界、媒体及其他社会力量，进而与书店、图书馆、博物馆等专业文化机构联合开展免费讲座、获得老年教育所需的图书捐赠、联动企业商家等组织开展医疗保健等方面的知识培训，最终推动多方力量"连轴互动"，在老年教育资源供给方面形成更大的合力[2]，最大限度地维护老年教育资源的基本供给。同时，公益组织的自收自支模式，决定其或多或少会面临着不同程度的生存压力，为此该组织必定会为了满足老年人的教育需求，通过不断提高服务质量来获得生存根基。

（四）天然葆有较强的社会责任感，促进老年教育资源的合理、有效利用

资源获取的有限性是所有组织面临的共同问题，如何提高资源利用效率是所有组织面临的普遍问题。对于公共资源而言，如何合理配置并得到高效利用，是公共治理的核心问题。公益组织在老年教育领域承担了政府和企业无意作为部分的资源供给责任，在弥补老年教育资源供给不足问题的同时，也是一种促进老年教育资源合理配置的结果。公益组织凭借自身的专业性，能够充分利用有限资源提供老年教育资源。此外，由于公益组织的非营利性，其资源往往来源于政府拨款、民间捐赠或者其他形式的赠予，承担着所获资源合理高效利用的责任。这意味着公益组织理应受到公民、社会的广泛监督，承载着高效利

---

［1］　胡育梅. 我国教育公益组织的发展困境与出路研究：以美丽中国（TFC）项目为个案分析［D］. 上海：华东政法大学，2016.

［2］　何珊云. 课程改革的治理机制创新研究：基于民间公益组织的视角［M］. 杭州：浙江大学出版社，2014：189.

用资源、有效提供老年教育资源的角色期待。在此背景下，公益组织不管是出于有效或是高效利用资源的责任感，甚或基于社会监督的压力，都会探索最优的老年教育资源供给模式和方式。因此，公益组织在实现老年教育资源合理、有效、高效分配方面具有绝对优势。

二、公益组织供给老年教育资源的意义

（一）分担政府责任，弥补市场在教育资源配置中的空白或缺失

教育作为公共产品，主要由政府供给，同时市场也承担着一部分教育资源配置责任，但政府和市场在教育资源供给过程中不免存在真空地带。正如市场失灵／政府失灵理论（Market Failure / Government Failu   整个社会所有公共物品的供给，这就必然要求政府和非政府组织   给。但是政府囿于资源的有限性等多重限制，其所提供的公共物   需要解决的公共事务倾斜。因此，对于老年教育领域的资源供给，   心供给，这就需要公益组织的积极参与和补位。

随着公益组织涉足老年教育资源供给领域，老年教育资源供给框架便逐渐形成了政府—市场—公益组织三足鼎立之势。这不仅填补了政府和市场在老年教育资源供给中的真空地带，而且以公益组织为支点还保障了老年教育资源的有效传输和供给。同时，公益组织参与老年教育资源供给，为构建政府、市场、公益组织之间的合作关系奠定了基础，三者通过建立平等、互信、合作的老年教育资源供给体系，充分发挥了公益组织在老年教育资源供给中的针对性、专业性、适应性、创造性等优势，在一定程度上弥补了以往单一依靠政府供给老年教育资源的不足，为建设"小政府、大社会"的良性教育资源供给结构做出贡献[1]，真正分担政府在教育资源配置过程中的压力，弥补市场在教育资源配置过程中可能存在的空白和缺失，在政府和市场的"教育之手"难以触及或不愿涉及的领域分担优质教学物资、师资资源等教育服务的供给责任，在老年教育资源供给中充当"减压阀"角色。

---

[1] 吴锦良. 政府改革与第三部门发展[M]. 北京：中国社会科学出版社，2001：115.

（二）促进教育资源的合理、有效和优化配置

黑格尔认为，"凡是现实的都是合乎理性的，凡是合乎理性的都是现实的"。从老年教育资源供给来看，公益组织的出现无疑是一种自发结果，是政府与市场之间的第三路径，它的出现和存在不仅是合理的，而且是必要的，甚至是至关重要的。正确的人做正确的事是资源配置的一种理想状态，公益组织的兴起和承接不仅是一种回应，更是一种资源合理配置的结果。

一块大理石，在农夫看来就是一块石头，而经雕刻家之手却能成为不朽之作。资源效用最大化的实现取决于运用资源的人以及资源运用的方式。公益组织参与老年教育资源供给，能够凭借其灵活性、创造性和专业性，弥补政府和市场的不足，丰富老年教育资源供给的形式和内容。基于深入民间的考察调研，可以将老年教育资源精准地配置给真正需要的老年群体，在一定程度上实现老年教育资源的公平和均衡配置。对于资源配置和利用效率而言，这是一种让合适的主体做合适的事的实践。公益组织先天的公益性和利他主义精神，使其在资源配置和利用方面呈现出高效和有效的优势。事实证明，公益组织在老年教育资源供给方面发挥着越来越重要的作用，也赢得越来越多的老年人的认可。这也是教育资源合理配置和有效利用的具体体现。

（三）助推学习型社会的构建和终身学习的实现

老年教育是学习型社会构建和终身学习实现的攻坚区，其难点在于相关教育资源的缺乏。政府在社会治理方面的重心集中于经济建设，即便是教育领域的资源供给也主要关注基础教育和高等教育领域，对老年教育资源的供给和帮扶可谓心有余而力不足。公益组织参与老年教育资源的供给不但弥补了政府在老年教育方面的职能缺位，还在事实上大大地推动了老年教育的发展与繁荣。一方面，公益组织汇聚了大量的专业教育人才，以人才优势助力老年教育资源供给的专业性和针对性，集合图书馆、博物馆、文化馆、老年文化活动中心等多种形式的教育资源，帮助老年人实现自我学习能力的提升和自我教育水平的增强。另一方面，公益组织能够帮助老年人普及关于老年教育资源的各项政策，帮助社区获得更多的优惠政策和财政支持，构建"社区＋公益组织＋老年群体"的老年教育资源合作平台。最后，鉴于公益组织的先天特征，其参与老年教育资源供给的过程中力求实现

公益价值的最大输出，为老年教育提供设施设备、人力支持、资金注入等方面发挥重要作用，为老年教育资源供给提供了强有力的物质保障，有助于学习型社会的构建和终身学习的实现。

第二节 公益组织供给老年教育资源的现状与问题

随着老龄化程度的不断加深和终身学习时代的到来，中央及地方政府颁布了一系列文件助推老年教育发展，以期构建"老有所学，老有所养"的"积极老龄化"社会。

一、公益组织供给老年教育资源的现状

目前，本土公益组织参与老年教育资源供给主要体现在政策支持方面，如表5.1所示。继《老年教育发展规划（2016—2020年）》颁布后，在全国范围内掀起了制订老年教育行动指南的新高潮，公益组织相继被中央及各地政府纳入了老年教育发展规划内。无论是中央还是地方政府都对公益组织参与老年教育资源供给给予了相应的指导和规范，为老年教育资源拓展指明了方向。

表5.1 老年教育"十三五"规划文本关于公益组织参与老年教育资源供给的规定

文件/省份	支持公益组织参与老年教育的相关内容
《老年教育发展规划（2016—2020年）》	支持社会组织充分发挥在老年教育师资、课程、评估、经费等方面的作用；要积极形成包括社会组织在内的多主体分担和筹措老年教育经费机制；鼓励和支持行业企业、社会组织和个人设立老年教育发展基金
《老年人权益保障法》	积极鼓励和扶持企事业单位、社会组织、个人等兴办老年教育设施，在财政、税收、融资等方面给予大力支持
《"十三五"国家老龄事业发展和养老体系建设规划》	政府加大对公益性、服务性等基层老年组织的帮扶；鼓励面向老年人开展募捐捐赠、安全知识教育、志愿服务、急救技能培训等形式多样的公益慈善活动；支持社区、养老服务机构、社会组织等利用信息技术，开发老年教育智能终端和平台

续表

文件/省份	支持公益组织参与老年教育的相关内容
上海市	鼓励社会各方参与老年教育：鼓励多元主体共同建立多种形式的老年教育各个层面的教育及学习资源库；积极推动各级各类公共教育机构、社会培训机构服务老年教育、兴办老年教育机构
贵州省	支持社会力量开展老年教育：积极支持福利院、社区养老等机构服务老年教育，采取联办、协办、开办分校等形式，扩大办学规模；积极争取社会资金、慈善捐赠支持老年教育事业发展
江苏省	引导社会力量通过开展文化娱乐、体育健身、教育培训、金融理财、健康服务、休闲旅游等服务，支持老年教育发展；借助社会机构开展与老年教育相关的活动
安徽省	鼓励社会力量参与老年教育，整合社会资源服务老年教育发展：促进教育资源开放共享；支持社会力量兴办老年教育机构
广西壮族自治区	支持和鼓励各类社会力量举办或参与老年教育：积极发挥社会慈善和志愿服务在老年人扶贫济困中的补充作用，鼓励面向老年群体开展公益慈善活动；推动部门、行业企业、高校举办的老年大学（学校）向社会开放
广东省	鼓励社会组织发展，积极引导和支持社会服务机构、公益慈善组织和志愿服务组织等机构开展老年人健康关爱服务活动

由此可见，当前对公益组织参与老年教育资源供给的内容、形式等都进行了相应的规范。各级政府支持公益组织等社会机构通过参与老年教育师资队伍建设、课程开发与构建、老年教育经费募集、老年教育发展评估、老年教育相关理论研究等课题，服务老年教育的发展。同时，还支持公益组织通过开展教育培训、文化娱乐、体育健身、健康服务、休闲旅游等活动支持老年教育的发展。而政府则在财政、融资、税收等方面降低门槛，对公益组织参与老年教育给予实实在在的支持。

上海在老年教育发展方面处于相对领先的地位。目前，经过各方协同努力，上海市老年教育基本形成了老年人广泛参与的良好局面。政府主导、多方协同、社会参与是上海老年教育的基本工作模式，上海市政府积极支持和鼓励各企业行业及其他社会组织参与老年教育。"十二五"期间，上海市老年人学习场所众多，覆盖全市、层次清晰、融合开放的老年教育办学格局已基本形成。通过依托社会组织，上海市组建了信息中心、理论研究等 11 个老年教育服务指导中心。在各级各类社会组织的积极参与下，老年教育机构、居村委学习点、示范性老年社会学习场所、远程老年大学、养教结合学习点等均获得了较好的发展，规模分别为 291 个、5 139 个、102 个、5 486 个和 335 个。可见，公益组织在参与老年教育服务、提供老年教育资源方面，发挥着不可替代的重要作用。

欧美最早进入老龄化社会，这些国家老年教育的兴起及公益组织服务老年教育的时间也要早于我国。经过多年的社会实践，西方国家已然形成了比较成熟的公益组织参与老年教育的模式和典型经验。美国利用民间力量开展老年教育较为发达，形成了一些国际性的民办老年教育组织[1]。除各类大学外，美国的老年教育主要由专门负责老年活动的非营利性机构提供，这些民间组织负责老年教育的组织与管理。例如，通过实地考察和课外活动开展老年教育的"老人游学营"，适应信息化时代新需求的"老年人服务与信息系统"（Older adult Services and Information Systems）。英国老年教育的四大系统中，第四大系统即"特殊老年教育"就是由志愿团体提供的，他们以自愿提供社会服务为工作的价值取向，这类教育没有年龄限制，是专门面向老年人开设的教育。此外，"第三年龄大学"（U3A）也是专门以老年人为服务对象的志愿者组织，是具有一定独立形态的老年人自发、自助、自主、自治的志愿者团体。日本公益组织参与老年教育的代表有老人寄宿所、北广岛时习学园、仙台老年人网站俱乐部等。韩国被誉为"敬老之乡"，该国的老年教育机构主要分为五种类型，其中，与企业或财团联盟的福利事业系统举办的老年教育是公益组织参与老年教育资源供给的重要形式，具有代表性的有三星福利财团和与其共同经营老年学校的"板浦综合福利馆"举办的老年教育活动[2]。上述经验，无一不为我们审视当前老年教育的现状和公益组织参与老年教育资源供给提供了新思路。

二、公益组织供给老年教育资源存在的问题

（一）供给制度不健全，导致公益组织供给老年教育资源深陷制度困境

当前，关于公益组织参与老年教育资源供给的法律法规不断完善，但在供给制度层

[1] 郑令德. 和谐社会与老年教育[M]. 上海：上海教育出版社，2007: 237.
[2] 郑令德. 和谐社会与老年教育[M]. 上海：上海教育出版社，2007: 272.

面仍然存在巨大虚空。一方面，关于公益组织参与教育治理的供给制度不健全，影响了公益组织参与老年教育资源供给的积极性和规范性。2010年7月《国家中长期教育改革和发展规划纲要（2010—2020年）》公布，指出要"培育专业教育服务机构……积极发挥行业协会、专业学会、基金会等各类社会组织在教育公共治理中的作用"，首次在教育领域引入了"公共治理"理念，为各类社会组织参与教育治理提供了合法性依据。但目前相当缺乏公益组织尤其是公益组织参与教育资源供给的相关制度规定。这虽然为发挥公益组织在老年教育资源供给中的主动性和积极性预留了一定空间，但也不可避免地使公益组织在老年教育资源供给中陷入无章可循的尴尬境地。

另一方面，尽管老年教育的相关法律法规不断完善，但是老年教育尤其是老年教育资源供给仍然缺乏明确规定。具体而言，《国家中长期教育改革和发展规划纲要（2010—2020年）》提出要重视老年教育；2012年《老年人权益保障法》指出老年人依法享有继续教育的权利……鼓励社会办好各类老年学校；2014年着手编制并于2016年10月公布的《老年教育发展规划（2016—2020年）》作为我国有史以来首个针对老年教育颁布的国家专项规划，提出了鼓励社会各界积极参与、扩大老年教育各项资源的有效供给、积极发展社区老年教育等五项发展任务。但遗憾的是，我国至今没有一部国家层面的老年教育法律。关于老年教育的各项规定，多散见于《教育法》《老年人权益保障法》等法律法规中，至于老年教育发展的目标、原则、资源供给等则缺乏明确规定，就省（市、区）来看，也只有天津、福建等少数省（市）制定了老年教育条例[1]。

（二）"双重管理"和交叉管理体制，影响了公益组织对老年教育资源的持续供给

一方面，公益组织立法的不健全使其自身发展受困于"双重管理"与"非竞争性"制度的制约，这在一定程度上导致不少公益组织产生畏难情绪，从而选择避开注册环节或者选择商业注册。为此，公益组织不仅应依法进行注册登记，而且必须接受注册后业务主管部门的管理。由于公益组织参与老年教育资源供给的程序烦琐、审查时间长、管理严格，在供给过程中所受限制较多，因此极大地影响了这些机构参与老年教育资源供给的积极性。

---

[1] 王英,谭琳. 赋权增能: 中国老年教育的发展与反思[J]. 人口学刊, 2011, 33 (1): 32-41.

另一方面，从管理体制上看，老年教育没有确切的管理机构，教育局、老干局、民政局职能上的条块分割、资源利用过程中存在的浪费现象比较突出，造成了老年教育发展的尴尬局面：老年教育发展不平衡、老年教育资源供需落差大。由于老年教育缺乏统一的协调规划，因而权责不清、交叉管理、相互推诿等问题突出。目前，各地老年教育缺乏统筹管理，教育局与老龄委、老干局和民政局之间的管理各自为政、权责分散。

综观老年教育在管理体制上存在的问题，不难发现，看似有多个管理部门，但实则处于谁也不管的尴尬境地，以致老年教育资源供给侧改革也缺乏相应的统筹规划。公益组织作为不同于政府和市场的第三种资源供给方，能在多大程度上参与老年教育资源供给，未见明确规定。以老年大学为例，由于各地均未明确负责老年教育的牵头机构，以致全国尽管有 7 万多所老年大学，但因老年大学资源紧缺，老年人欲报名参加老年大学接受教育堪称"一位难求"或"一座难求"。

（三）公益组织对老年教育资源投入不足、供给不均，供给侧与需求侧落差较大

公益组织在老年教育资源供给方面存在资金与人力匮乏和不均等问题。随着政策的改善和社会的发展，老年教育资源供给状况得到了显著改善，但是与快速增长的老年教育资源需求相比，仍显供不应求。由于公益组织发展空间狭小、人才储备不足，无法满足社会对公益组织日益增长且不断多元化、高质量的服务期望。经调查发现，目前近八成公益组织面临"资金来源"困境，半数以上公益组织存在"人力资源匮乏"问题。由于公益组织的工资福利待遇或职业发展空间受限等原因，一些公益组织并未配备专职工作人员，很多稍有经验的工作人员却在不断流失。因此，受人力和资金的限制，公益组织供给老年教育资源领域鲜见 10 年、20 年期的中长期规划，这在很大程度上影响了公益组织对老年教育资源的持续供给。

公益组织对老年教育资源供给不均具体表现在以下两个方面：

一是以城市为中心、以老干部为主体，忽视了对广大农村与弱势老年群体的应有关注[1]。乡镇一级是公益组织参与老年教育资源供给的短板和薄弱环节。公益组织在老年

---

[1] 赵文君,钱荷娣.老年教育供给侧改革的方向、路径及保障机制探索[J].职教论坛,2018,34(6):127-132.

教育资源供给中既有量的不足更有质的不齐。老年教育不仅限于城市，也不仅限于传统的老年大学。推进城乡社区（村）级老年学校布点建设，加强县、乡、镇三级老年大学建设，实施城乡老年教育对口支持，鼓励优质老年大学在乡镇设立办学点，整合乡镇资源创办老年学校，开展老年教育服务势在必行。

二是"东高西低""南多北少"的区域供给不平衡。东部、南部地区的老年教育整体情况优于西部、北部。以老年大学为例，尤其是华东地区，老年大学的数量与质量均遥遥领先于其他地区，西南地区和华北地区的老年大学数量占比分别为12%和7%。总体上看，公益组织在老年教育资源供给中存在以老年大学、以城市为中心、以老干部为主体、以东部和南部为重点区域的倾向，忽视了对农村、弱势老年群体、西部和北部的多样态老年教育的应有关注。

（四）公益组织供给老年教育资源的方式单一，亟须拓展多元化的功能格局

一是公益组织供给老年教育资源以休闲娱乐类资源为主。穆迪从历史哲学观点出发将老年教育分为拒绝、社会服务、参与和自我实现。当前公益组织参与老年教育资源供给已走过"否认老年人有教育需求而拒绝"阶段，而是倾向于将老年教育视为社会福利的一部分，在资源供给过程中更多地以休闲娱乐为价值取向，主要供给如太极拳、门球、排球、广场舞、交谊舞、棋牌、钓鱼等休闲娱乐活动[1]，很少有老年人能够有价值地参与其中，更不用说将此作为老年人自我价值的实现过程。与之相对应，老年教育功能发挥主要有四个层次：维持生命、充实生命、重整生命、超越生命。目前，公益组织供给老年教育资源主要集中在前两个方面，即维持生命和充实生命：通过教授一些基础医疗保健知识帮助老年人更好地维持生命；通过安排一些休闲娱乐活动帮助老年人充实生命。但对重整生命和超越生命层级却未触及，实际上将老年教育办成了老年活动中心，弱化了老年教育超越生命这一功能层级。美国威廉赫逊社区中心就是非营利性组织参与老年教育的典型代表。该中心专门为低收入老年人提供服务，将教学与旅游相结合，其"寓教于乐"的游学模式值得我们借鉴和学习。

---

[1]　蒋文宁. "养教用"结合的老年教育新模式探索[J]. 成人教育，2018，38（3）：42-45.

二是老年教育资源供给主要偏向于传统的图书、师资等方面的供给，却忽视了互联网、大数据发展背景下老年教育资源多样性拓展的可能。随着第三次科技革命的来临，人工智能、互联网、物联网、大数据等技术的迅速发展，极大地影响了包括教育在内的各个领域。慕课、移动学习、在线学习、网络学习空间等的兴起和快速发展正"海啸般"改变着教育方式，同时也翻天覆地般变革着教育资源的配置方式。有鉴于此，构建基于MOOCs等的互联网自主学习组织成为公益组织参与老年教育资源供给的重要契机，提供基于互联网的老年学习共同体教育平台成为教育公益组织参与老年教育资源供给的可能创新类型。从全球视角出发，各国教育公益组织正在突出个性化、多元化方面大开探索之门。而我国老年教育的匮乏性需求和发展性需求并存，但教育公益组织供给老年教育资源的功能比较单一[1]，仅限于为老年人提供图书及娱乐活动等项目；公益组织所供给的各方面资源也较为有限，尚需多元性和综合性的深度探索。总之，在互联网快速发展的时代背景下，以互联网为依托，通过运用大数据、人工智能等先进技术手段，公益组织参与老年教育资源供给具有广阔的发展前景。

三是老年教育资源需求侧分析主要依靠传统调研考察方式，未能将大数据等新技术运用于老年教育资源需求的精准分析和有效评估。公益组织天然具有的亲民性和民间性使其能对老年教育的真实需求进行精准把握。但是在大数据背景下，教育资源的获得和需求侧的分析已不可同日而语。与往日相比，一方面，全球范围内各个地区诸如老龄化、空巢化等社会问题已能与世界上其他地区同此凉热。于是，那些有志于从事和为公益事业贡献力量的个体便有了更多的途径获取有用的资讯和更方便的捐赠方式，他们在家或工作中就可以利用手机进行少量或大规模、单次或持续性的捐赠。另一方面，零散、少量的个体捐赠可能成为老年教育资源的重要来源。因此，如何有效地驾驭大数据并将其运用于老年教育资源需求的精准分析、老年教育资源的有效评估等，都将在未来对公益组织赢得社会支持产生巨大的推动作用。

---

[1] 胡育梅. 我国教育公益组织的发展困境与出路研究：以美丽中国（TFC）项目为个案分析[D]. 上海：华东政法大学, 2016.

第三节　公益组织供给老年教育资源的案例与经验

一、公益组织参与老年教育资源典型案例

（一）上海市消保委积极开展老年群体消费宣传教育活动

上海市消保委积极关注老年消费群体的合法权益，通过开展系列主题宣传教育活动等方式帮助老年人提高鉴别能力，树立正确的消费观。

一是打造安全舒适的对话交流平台。上海市消保委与上海新消费研究中心合作，深入了解老年人目前的消费习惯、邻里关系、兴趣爱好及消费需求等第一手资料，掌握老年人获取保健知识的途径、选购保健品的方式与渠道等信息，与各区消保委协同开展了数十场针对性强、覆盖面广的社区老年人座谈会。二是拓宽宣传渠道。上海市消保委与市工商局联合制作了旨在防范老年人陷入保健品营销陷阱的公益广告和动画短视频，以上海电视台、移动电视和楼宇电视为依托，滚动播放这些公益广告和动画视频。同时，还联合《解放日报》推出 5 期系列宣传专版；青浦、松江等区消保委在相关报刊上开辟专栏宣传消费知识；金山区消保委联合区市场监管局、区电视台录制系列访谈节目，引导老年人树立正确的消费观念，自觉提升防骗意识与鉴别能力。三是扩大教育影响。在营养学、医学等专家学者的帮助下，上海市消保委编制了《保健食品消费指导手册》和《"三高"人群如何选择保健食品》，并免费向老年群体发放。据悉，自老年教育消费活动开展至今，上海市消保委发放宣传手册和海报共计 71 万余份，与此同时，微信公众号也积极推送消费知识。为扩大覆盖范围，各区消保委深入社区、邻里中心（睦邻中心）、商圈等多个公共场所发放宣传手册、海报等资料，并借用电子屏滚动播放公益宣传视频。四是鼓励社会参与。上海市消保委联合社科院社会学所和上海迪博大数据研究中心开展了为期 6 个多月的实地调研，撰写了《上海市老年保健品消费调查报告》，并召开新闻通气会对外发布。该报告不仅揭示了上海老年人保健品消费市场的基本情况，还揭示了老年人保健品消费背后的需求机理。在此基础上，上海市消保委呼吁全社会关注、关爱老年人，及时了解老年人的情感需求。

上海市慈善基金会以"安老、扶幼、助学、济困"为宗旨，通过设立"多彩晚霞"等项目引导老年人享受当下的美好生活。在上海市慈善基金会的大力支持下，东方网东方社区信息苑先后开展了上万名中老年人金融知识普及教育等活动，并得到了他们的充分肯定。

（二）河北省消费者协会组织"老年消费教育"活动成效明显

为积极应对人口老龄化问题，维护老年人合法权益，保障老年人的财产安全，河北省消费者协会在全省开展了系列消费教育活动，取得了明显成效。一是下发《关于开展老年消费教育活动的通知》，并联合石家庄市消费者协会举办了石家庄市老年消费教育活动启动仪式。同时，河北省消费者协会认真梳理了该省老年消费者投诉中集中反映的突出问题，归纳整理典型案例，认真研讨具有针对性的解决对策，组织印制了10万余册《老年消费教育指导手册》和20万册新《河北省消费者权益保护条例》《消费者权益保护法》，积极引导老年人科学消费、理性消费，保障老年人的合法权益。二是依托社区举办老年人消费教育大讲堂活动，截至2018年2月，全省举办80余次老年消费教育大讲堂，开展300余次老年消费教育进社区活动，直接参与上述活动的老年人共计5万余人。三是组织老年人进企业生产车间现场参观，引导老年人树立正确的消费观念。四是深入老年大学开展消费教育主题宣讲活动，包括向老年人普及消费知识、讲解《消费者权益保护法》《河北省消费者权益保护条例》、识别虚假广告等，帮助老年人树立自主防范意识及维权意识，自觉抵制消费陷阱。

（三）杭州创建政府和公益组织合办老年大学新模式

心巢文澜老年大学是由公益组织和当地街道合作成立的老年教育机构，每年夏秋两季招生。拱宸桥街道为心巢文澜老年大学免费提供办学场地，师资配备、教学器材及学校管理等由心巢文澜老年大学自主决定。学校开设有智能手机使用、礼仪、英语、化妆、服装和营养健康等课程，每位老年人最多可报3个班，每班人数控制在20人左右。由于心巢文澜老年大学对老年人的年龄、户籍、性别等并不设限，以致每到招生季都有大量老年人前来报名，甚至还有不少老年人的子女为自己父母报名，以满足老年人的受教育需求。为了让更多老年人接受教育，心巢文澜老年大学也在不断地协调办学场地、办学经费、课程设置等相关事宜，以期尽最大可能为老年人提供适合的教育。

（四）重庆市开启社区公益教育新探索

重庆桃源居社区文化教育中心是中国妇女发展基金会、桃源居公益事业发展基金会与中华女子学院、重庆女子职业高级中学联合举办的社区公益教育机构，该中心致力于在"生活即教育""终身教育""社区即学校""教学做合一"等方面展开探索，开设了学历教育、职业教育和素质教育。同时，该中心还设立了老年俱乐部，举办老年大学，为社区内符合条件的老年人提供终身式、全福利服务，以满足老年人的各种需求。

二、公益组织供给老年教育资源典型经验

欧美发达国家及我国北京、上海、浙江等省（市）开办老年教育的实践经验表明，公益组织参与老年教育不仅是可行的，而且随着人口老龄化的日益加剧、老年人对优质老年教育的迫切需求以及早期公益组织参与老年教育的经验积淀等方面的合力作用，使公益组织开办的老年教育机构所占比重越来越大，逐渐成长为老年教育的重要办学主体之一，同时也是优质老年教育的重要提供者。

（一）政府积极引导公益组织参与老年教育

首先，以政策引导、支持公益组织参与老年教育。《老年教育发展规划（2016—2020年）》是一定时期指导我国老年教育发展的纲领性文件，也是检验老年教育成效的重要依据。通过对既有老年教育相关文件的梳理，不难发现，虽然我国专门针对老年教育的政策性文件相对较少，但并不意味着我国对老年教育的重视不够。事实上，在《老年教育发展规划（2016—2020年）》出台之前，与老年教育相关的政策主要散见于其他政策文本中。例如，1996年出台的《老年人权益保障法》明确规定，老年人有继续受教育的权利，国家发展老年教育，各级人民政府对老年教育应当加强领导，鼓励社会办好各类老年学校。《国家中长期教育改革与发展规划纲要（2010—2020年）》指出，要重视老年教育，加快各类学习型组织建设，基本形成全民学习、终身学习的学习型社会。在《老年教育发展规划（2016—2020年）》《老年人权益保障法》及其他相关政策文件的指引下，我国逐步形成了党委领导、政府统筹，教育、组织、民政等多部门积极配合，市场、社会组织和学习者等多主体参与的老年教育发展格局。

其次，以经费保障鼓励公益组织参与老年教育。随着我国人口老龄化的快速发展及老年人受教育意识的觉醒、终身学习理念的深入人心、构建学习型社会的发展愿景等的不断推进，越来越多的老年人愿意并渴望接受老年教育，但不同的老年人对教育内容、教育方式方法、教师素质等提出了迥然相异的要求，这就导致有限的教育资源与老年人日益增长的学习需求之间存在很大的矛盾。为了拓展老年教育资源，丰富老年教育内容，各省市不断拓展老年教育经费投入渠道，建立政府、市场、社会组织和学习者等多主体分担和筹措老年教育经费的机制，鼓励和支持行业企业、社会组织和个人设立老年教育发展基金，企业和个人对老年教育的公益性捐赠支出享受法律法规规定的税收优惠政策。公益组织是社会组织的重要组成部分，办学经费短缺也是公益组织面临的重要难题。相关政府部门建立健全多主体分担和筹措老年教育经费的机制，实际上也为公益组织多措并举筹集老年教育办学经费提供了政策保障。

再次，以营造良好氛围吸引公益组织参与老年教育。相关政府部门广泛宣传党和国家关于发展老年教育的方针政策，注重搜集、整理和宣传发展老年教育的典型经验、案例、做法和成效，不仅注重激发老年人参与学习的积极性和主动性，还多方面调动社会组织、行业企业、社区等参与老年教育的内生动力，努力营造发展老年教育的良好氛围。作为社会组织的重要组成部分，越来越多的公益组织积极投身于老年教育，充分发挥自身优势竭力打造富有特色的老年教育。

（二）以满足老年人多元化学习需求为导向

老年人是老年教育的学习主体，老年教育唯有在满足老年人学习需求的前提下才可能得到长足发展。公益组织早期参与老年教育，囿于办学场地、教育经费、师资队伍等因素的限制，主要根据自身办学条件提供老年教育，老年人的学习需求难以得到有效保障。随着办学主体的快速增加、老年教育管理体制的逐步完善以及师资队伍建设的持续加强等因素的持续向好，越来越多的公益组织开始转变办学思路，即根据自身办学条件开办老年教育转向根据老年人的学习需求开展老年教育。以杭州市心巢文澜老年大学为例，该校是由公益组织与当地街道合作成立的老年教育机构，开设有智能手机使用、礼仪、英语、化妆、服装和营养健康等课程。虽然学校开设了春季班、夏季班和秋季班，但依然一"座"

难求，很多老年人难以"抢到"入学名额。为了满足老年人的学习需求，该校不断调整办学规模，丰富课程内容和形式，借助信息技术手段将线下与线上学习相结合，竭力让更多老年人享受到优质的老年教育。

第四节　公益组织供给老年教育资源的实施与保障

我国公益组织的兴起、发展和存续受政府的直接影响，我国公益组织是改革的产物，存在时间较短，它的背后隐约闪现着政府的身影，因此，其组织结构、财政资源、人力构成、职能作用等方面均表现出自身的特征，并形成了独特的"官民二重性"[1]。这一特点决定了现阶段我国的公益组织不可能仅凭自身能力就能供给老年教育资源，还必须借助政府的推动和协助来实现。因此，维持和拓展公益组织在老年教育资源供给中扮演的角色，必须借助政府扶持这一外部力量的推动和公益组织自身力量的不断突破，方能实现公益组织在老年教育资源供给中的功能。

一、强化资金保障，拓宽资金来源渠道

公益组织作为一种非营利组织，只有寻得相应的资金和捐助才能获得持续发展的资源，才能在激烈的社会竞争中持续生存下去[2]。公益组织供给教育资源的资金主要源于募捐机制，但是公益组织意欲获得长足发展，就必须摆脱对募捐资金的过度依赖，在资金来源上做到"开源节流"与"降本增效"两手抓。

（一）拓展资金来源的多样性

公益组织在供给老年教育资源时，除了依托大额资助外，还要关注民间小额捐助的

---

[1]　朱光磊,陆明远.中国非营利组织的"二重性"及其监管问题[J].理论与现代化,2004（2）：14-19.
[2]　张睦楚.中国教育公益组织研究:以"美丽中国"项目为例[J].高教发展与评估,2017,33（6）：25-34.

支持，注意开辟针对公众的小额募资通道，适时面向民间融资。捐助方除了给予资金或书籍等物资支持外，还需将捐赠资金、物资与老年教育有机结合，积极探索"授之以渔"的公益合作新模式。以互联网为依托，通过运用大数据、人工智能等先进技术手段。

（二）积极运用先进技术拓展老年教育资金来源方式

先进技术的发展催生了在线捐赠的从无到有，再到方兴未艾。经互联网和美国生活项目进行的一项调查发现，约两成美国成年人参加过在线捐赠，其中近一半是通过手机进行捐赠……2010 年海地地震首次拉开了手机捐赠序幕，人们通过手机捐赠了大约 4 300 万美元。互联网和大数据的迅速发展，使人们能够很方便地找到新的社会组织和感兴趣的公益活动。调查显示，有近 50% 的被调查者与 1 ~ 5 家非营利组织保持着线上联系，超过 65% 的被调查者加入了 1 ~ 5 家非营利组织的邮件列表。在互联网迅速普及并不断融入人们生活各个领域的背景下，互联网对人们而言就是一个可及性极强的终端，人们在网络上互联互通，对社会事务的高参与度使很多事件通过评价、点赞和转发等方式被成倍成倍地放大，人们可以足不出户地了解和参与自己感兴趣的公益活动。因此，在互联网大发展的时代背景下，公益组织要积极运用和开辟面向网民的网络捐赠平台。

（三）强化资金运用的有效性和高效性

公益组织发展困境之一在于资金不足，资金筹措不易是公益组织发展面临的普遍问题。近年来，屡屡曝出公益组织工作人员腐败案件，例如"郭美美"事件，极大地耗损了社会公众对公益组织的信任，也使公益组织在资金获取方面面临越来越严峻的尴尬境地。然而，公益组织的非营利性决定了其资金来源仍然主要依靠社会捐赠和政府拨款。因此，公益组织在资金运用上的有效性和高效性就成为关乎其资金来源是否充足的关键。换言之，公益组织必须提供资金运用的有效性和高效性。首先，公益组织应制订严格的资金使用规划。公益组织的资金使用应透明化，即所筹资金的使用方向和使用方案应及时公之于众，接受社会公众的监督。其次，公益组织应将有限资金进行合理分配。当公益组织面临多项事务时，应根据各项事务的轻重缓急对资金进行合理配置，以实现资金使用的高效性。第三，公益组织应及时公开资金使用情况。即公益组织应对资金的收支情况与所取得的成果及时予以公开，接受社会公众和上级主管部门的监督，并就资金使用情况予以答复或说明。

二、强化制度保障，改善公益组织的生存环境

诚然，公益组织能够较好地弥补政府、市场在老年教育资源配置中的不足，但公益组织也有自身难以克服的缺陷，也存在志愿失灵的情况。在此情况下，需要政府切实采取行动扶持公益组织的发展。目前，公益组织的发展每一步都离不开政府的推动和协助，公益组织供给老年教育资源的规模、力度、成效等在很大程度上取决于政府的资源和政策支持力度。然而，目前的制度环境限制了公益组织供给老年教育资源的获取渠道。要解决和促进老年教育资源供给的均衡发展，实现老年教育助推"积极老龄化"，必须从制度层面充分彰显教育公益组织在老年教育资源供给方面的独特功能及优势，充分重视公益组织对政府在老年教育资源分配失灵时的弥补功能。

一是在治理观念上应允许教育公益组织参与老年教育资源供给。通过出台相关法律法规，加强公益组织参与老年教育资源供给的顶层设计，以党委领导、政府主导为基本原则，设置公益组织参与老年教育资源供给的联合管理机构，由与老年教育相关的部门如教育部门、老干部门等多部门组织、共同参与和规划，努力形成多方参与、协同推进、责任到人的管理体制。同时，进一步明确各部门的职责分工，加强政府相关部门对参与老年教育资源供给的公益组织的督导和考核，各部门协同配合，按责推进，认真落实国家及地方各级政府部门关于老年教育的相关政策和规定，助力公益组织参与老年教育资源的持续供给。

二是完善政府对公益组织捐赠方式的可能性。政府要积极开拓公益组织参与老年教育的多元方式，增加公益组织实施老年教育资源捐赠的灵活性。除了为公益组织增加资金方面的供给，还可以提供资金以外的其他支持。例如，适当增加老年教育资源供给的相关技术支持、活动场地设施的免费开放等。在兴办老年教育时，可考虑具体资源获得的难易或多寡情况酌情收取费用。通过灵活、多样、多元的捐助方式，增加公益组织助力老年教育发展的多重可能性。

三是对公益组织参与老年教育资源供给推行弹性管理制度。尝试将公益组织与老年教育的相关规定变通处理成一个灵活伸缩的范围：不同规模的公益组织是否需要登记注册，以何种程序和方式注册，需要具备何种资质方可注册，何种公益组织可以获得政府的优惠政策，不同的公益组织参与老年教育资源供给时政府应给予何种程度的支持等都应加

强弹性管理。此外，还可通过政府购买服务、委托管理、项目外包等形式，规定公益组织可依法享受政府提供的优惠政策来参与老年教育；鼓励和支持公益组织等社会力量以独资、合资、合作等形式举办或参与老年教育。

四是加强公益组织参与老年教育资源供给的多中心治理。在公益组织参与老年教育资源供给的过程中建立政府管理、社会监督和社会组织自治相结合的多元社会治理格局，以多中心治理确保和推进公益组织参与老年教育资源供给过程中的诚信、透明、公开的运作机制，使之植根于社会信任当中，赢得公益组织在老年教育资源供给中的高公信力。

三、强化组织保障，加强内外部组织建设

毋庸置疑，公益组织参与老年教育资源供给是一种行之有效的教育资源供给方式，理应得到鼓励和扩张。从老年教育资源供给方式来看，公益组织的发展成为影响资源供给数量和质量的关键。因此，要不断深化公益组织参与老年教育资源供给方的角色，就需要扶持和强化公益组织的组织保障。

第一，确认公益组织参与老年教育资源供给的合法性，鼓励公益组织持续参与老年教育资源供给。公益组织参与老年教育资源供给的合法性主要来自于政府，但也不完全依托于政府。我国公益组织的发展离不开政府的扶持，但也不能单纯依靠政府的扶持，既不能任其发展，也不能过多束缚，因此，营造合理、宽松的公益组织发展环境，就成为影响公益组织发展的前提。不仅要在法律上不断明确公益组织的性质及其参与老年教育资源供给的合法性，而且要通过税收与经费的渠道支持来改善教育公益组织的发展环境。

第二，构建公益组织互联互通机制，形成老年教育资源供给共同体，实现优势互补。目前，我国的公益组织如雨后春笋般涌现，其中必然存在功能相似或相同的公益组织，造成资源的浪费和低效。因此，必须建立公益组织的互联互通机制，避免同类组织的重复建设，避免不同组织对相同事务的重复投入，实现不同公益组织在老年教育资源配给中的优势互补。同时，参与老年教育资源供给的相关公益组织可以通过相关平台或项目自发形成联盟，构建老年教育资源供给的公益共同体，这是目前公益组织供给老年教育资源的重要保障。

第三，优化教育公益组织内部管理结构，提升组织公信力。公益组织获取运营资源的基础来源于自身的公信力，公信力是公益组织最大的资源。公益组织所拥有的公信力与其享有的社会声誉、获得的社会支持成正比。换言之，如果某一公益组织想要获得较大的社会支持，则必须以拥有较好的社会声誉为前提、以拥有较强的社会公信力为立足点；否则，只能带来寥寥的社会支持，甚至最终被社会淘汰。因此，公益组织要加强自身管理，规范运营行为和资金使用，赢得社会公众的普遍认可，从而获得生存根基。

四、强化平台保障，实施教育资源整合与开发

公益组织参与老年教育资源供给，在具备外部的制度保障，强大的组织后盾和丰厚的资金保障后，还需落实到老年教育的资源保障。公益组织提供何种老年教育资源，老年教育资源供给数量的多少、质量的高低，都直接关系老年教育资源供给侧结构改革的成效。

一是建设老年教育师资库和学习资源库。公益组织要积极为开展老年教育配送师资提供支持，通过严格的招聘环节聘请专业知识扎实、教学经验丰富的人才作为老年教育师资储备，教授医疗护理、营养学、食品学、健康学、社会热点问题剖析、老年人心理健康、老年人交往沟通技巧、老年人生活方式等课程；围绕与老年人生活密切相关的科学文化、生活保健、职业技能等知识，开发适宜的老年教育资源。民族地区可结合当地的民俗文化和风土人情，开发独具特色的老年教育学习资源。

二是加强老年教育资源整合与开发，增加资源供给的多样性。依托中小学、高等院校、电大、夜校、老年大学、社区学校、各种专业培训机构、文化活动中心（如图书馆、文化馆、阅览馆、博物馆）等场所举办老年教育活动；公益组织可以通过与各级各类学校合作，推动部分学校开放闲置的场地、校舍、图书馆、教室等设施设备，为老年人学习提供相关支持；依托与老年人生活相关的场所如敬老院、养老服务中心等灵活开设固定学习场所，将老年教育与养老服务相结合，在养生的基础上接受教育，在教育中学习养生，通过老年教育推进养老服务建设。

三是老年教育资源的供给应传承传统文化。将传统文化融入老年教育资源供给，应特别注意利用老年群体所生活年代的传统文化，以此为依托开发老年教育课程资源和学习

资源，通过贴近老年人的兴趣爱好，增加老年教育的吸引力。当然，这并非一味地强调复古与回归传统，我们要在注重传统文化的同时融入部分现代元素，以保证老年教育的内容贴近老年人当下的生活。

四是积极发展"互联网＋老年教育"，公益组织可尝试构建"网上老年大学"，依托互联网平台开展远程教育、函授教育等多种形式的老年教育。在互联网迅速融入生活并为社会各领域带来重大变革的新时代，老年人对互联网也不断地熟悉起来。通过搭建基于互联网的移动学习平台，老年人可以不受时间和空间的约束，随时随地选择自己感兴趣的学习课程。公益组织在参与老年教育资源供给过程中要充分发挥互联网的作用，最大限度地满足老年人想要"泛在"学习的需求。

第六章　老年人自治路径供给老年教育资源

"老年人自治"并不是强调老年人个体的自控或他控状态，而是强调调动老年人在教育中的主体能动性，自主地进行个体性学习，或参与群体性的组织学习（如兴趣小组、广场舞、志愿者、游学等）。老年人的这种学习行为可以是老年人个体自行组织，也可以是基于老年大学或者社区学院的非正规学习组织，还可以是经教育机构自发组织的社会团体的学习。老年人自治组织学习活动具有较强的灵活性与社会适应性，是一种普遍常见的老年人教育形式。老年人是一种极为宝贵的人力资源，尽力发挥老年人的潜力已成为人口老龄化的全球性对策，对于老年教育资源供给同样如此。我国是世界上唯一的老年人口超过两亿人的国家，也是非发达国家人口老龄化问题最严峻的国家之一。促进老年人自治，激发老年人的主体能动性，老年人能够在生活中积极地自主参与学习，自行组成学习组织进行学习，或通过积极参与基层自治组织，在自治组织参与、自治组织活动、自治组织建设的过程中学习，从而实现我国大规模、高质量的老年人力资源开发。将沉重的老年人口负担转化为优质的老年教育资源，最大限度地发挥老年人力资源效能，不仅可以缓解老年教育资源的短缺，而且可以充分发挥其优势，为社会创造财富[1]。通过老年人自治，可以将老年人的阅历、经验和人生积累充分地展现出来，使他们具有的技能优势和社会关系资源优势得以充分释放，使他们拥有的知识、技能、经验成为老年教育资源的重要补充。

---

[1]　赖立. 立足社区，开发老年人力资源的思考[J]. 职教论坛，2014，30（33）：50-55.

第一节　老年人自治路径供给老年教育资源的依据与意义

在"积极老龄化"背景下，能更加突出地体现老年人自助教育的主体价值。随着我国老龄化社会的到来，各种形式的老年教育资源供给路径得到国家政策的大力支持。老年教育作为成人教育的一部分，具有成人教育特有的优势，许多老年人在知识、技能与阅历等方面表现非常卓越，有能力开展自我教育，对于提升老年人素质和促进学习型社会的形成有着重要的价值和作用。

一、老年人自治供给老年教育资源的依据

（一）理论依据："积极老龄化"发展理念的崛起

"积极老龄化"作为当代老年教育发展的指导性理论，从根本上改变了老年教育的实践指向，围绕"健康""参与""保障"，提出了老年教育发展新理念，彻底转变了对老年群体及老年教育的认知，老年群体不再是纯粹的社会养老消费者，同时也是社会养老生产者，自身角色得到重塑，其主动性的觉醒，对老年人自治和自主管理起到了极大的助推作用。从"消极老龄观"到"积极老龄观"经历了理论的不断更新与实践修正。之后，"成功老龄化""健康老龄化"和"生产老龄化"等概念不断发展，将老龄人口的社会参与从经济领域扩展到社会的方方面面。2002 年，联合国第二届世界老龄大会通过的《政治宣言》和《老龄问题国际行动计划》对"积极老龄化"概念的形成、理论基础以及"积极老龄化"政策进行了非常详尽的论述，强调各国应把老年人作为社会的重要力量，而不应将其看作负担[1]。"积极老龄化"提出尊重老年人的权利、愿望、需求和能力，包括身体和精神活动、生产性和非生产性活动等多种形式，贯穿人的整个生命过程。关注老年人的个体差异和社会多元特性，不仅是个人责任，更是社会责任，需要政府和社会建立老年人发展保障体系；从根本上尊重和赋予老年人权利，积极调动老年人的经验、智慧和创造力等重要

---

[1]　汪小娟. 积极老龄化：一种解决人口老龄化的途径[J]. 黑河学刊, 2011（4）：181-182.

人力资源要素，将其当作建设美好国家和社会的重要组成部分，支持和鼓励老年人广泛地参与社会生活，挖掘老年人潜在的能力和价值，提高老年人生活的多样性，使之过上更有质量、更有尊严的老年生活。

个体积极老龄化是老年人自治的理论逻辑，是老年人积极努力地维持自主独立生活能力并对社会做出积极贡献的生活状态。个体积极老龄化包括健康老龄化的个体的"身体积极"，生产性老龄化的个体的"经济积极"，基于参与老龄化的个体的"精神与社会积极"，基于权益的政府与社会的"支持与保障积极"。老年人自治是基于参与老龄化的个体的"精神与社会积极"，老年人自治供给老年教育资源则是基于丰富的知识、经验、技能、生活体验等资源分享。老年人自治供给老年教育资源不仅是个体的积极参与，更是凝聚社会组织，通过集约化方式提供系统化的老年教育。积极老龄化理论体系以个体积极老龄化为逻辑起点，以社会性主体的积极老龄化为支撑（特别是以政府的积极支持为保障），从而激活、塑造、引导和推动个体及家庭、社区、市场等主体在充分利用自身资源和社会环境，使老年人在身心健康、社会参与、经济生产等方面达到独立、自主和自我实现的最佳状态，不断延长预期寿命并提高生活质量。老年人自治供给老年教育资源可以参与到老年教育的任何一个环节中去，实现老年群体的自我教育。

（二）政策依据：老年教育政策演变过程中老年人自治的制度逻辑

我国老年教育政策从萌芽到缓慢发展再到初具规模，体现了历史制度主义分析话语中"关键节点""制度转变""路径依赖"等关键要素的特征，这些不同发展过程中的关键要素都体现了对老年人自治的基本要求，且不断发展成熟。

首先，老年教育政策建立阶段的老年人自治逻辑。20世纪80年代初，在政策层面开始关注老年人退休后的文化教育活动，政策对象主要是退休干部。1982年，中共中央发布《关于建立老干部退休制度的决定》，确立了老干部离休退休和退居二线的制度，进一步促进新老结合，发挥老年离退休干部在资历、知识和技能等方面的重要积淀作用。为了响应政策号召，丰富退休老干部的老年生活，我国随之成立了第一所老年大学。随着国家对退休人员以及老龄工作的重视，同时伴随着国外终身教育思想的传入，老年教育观念发生了颠覆性的变化，保障老年人的学习权益日益成为社会关注的焦点，老年教育的特殊福利性功能日益弱化，开始面向全社会老年群体。尽管老年教育政策初创时期主要聚焦于退休老干部，但是从政策的制度逻辑来看，已经开始注重老年人力资源开发，注重挖掘老年群体独特的社会价值。国家不再仅仅将老年群体作为社会保障对象，而是对其寄予了自我教育，继续为社会发光发热的期望，从而保持与社会的紧密联系。其次，老年教育调整阶段的老年人自治逻辑。20 世纪 90 年代，我国老年教育政策进入调整发展阶段，各种有关老年教育发展的规定在法律、政策层面开始崭露头角。首先确立的是老年教育运行机制。1995 年，《中华人民共和国教育法》在法律层面确立了终身教育地位，社区教育作为其重要组成部门，也获得了前所未有的保障。此后，社区教育政策多次提出，应将老年教育作为社区教育工作的重点。从政策逻辑来看，本阶段的中心工作在完善老年教育政策供给机制，老年人自治教育略有弱化之势，但在老年教育供给方式、内容与保障机制上却为老年人自治供给老年教育资源提供了重要的路径参考。

最后，老年教育内涵发展阶段的老年人自治逻辑。进入 21 世纪，社会主体需求日益多元化，面对老年人个性化的教育需求，政府需及时作出回应，以丰富老年教育的形式和内容。同时，为了缓解经济快速发展与老年教育体制改革滞后之间的矛盾，必须加快政府管理体制和职能的创新，实现"大政府"向"小政府"的过渡，老年教育资源供给机制的重心也应不断下移，为老年人自治供给老年教育资源提供发展空间。2016 年，国务院印发《老年教育发展规划（2016—2020 年）》，明确提出应积极开发老年人力资源。作为我国第一个专门性的老年教育指导政策，多样化的老年教育实践举措也推动着老年人自治组织教育进入到下一个重要阶段。充分利用好老年人这一宝贵的社会财富，充分发挥老年人的智力、经验、技能等优势，继续为社会发光发热，从而保持与社会的紧密联系。

（三）实践依据：老年人个体与自治组织参与老年教育资源供给

老年人自治参与老年教育资源供给包括两种形式：一是从老年人个体参与的角度，强调老年人力资源作用；二是随着老年教育的组织化与制度化，老年群体以组建社会组织的方式供给老年教育资源，参与社会养老工作。国内外老年人自治组织参与老年教育资源供给经历了较长时期的探索，为老年教育提供了实践依据和可行性举措。我国老年教育协会参与了老年教育资源供给和老年大学建设等模式的探索，其自治模式虽然起步较晚，但也奠定了一定的实践基础。

国外在老年人自治方面进行了颇多有力的探索，这是因为许多国家较早地进入了少子老龄化社会，其应对性举措各异。例如，日本老年俱乐部，是以社区为单位自主运营的互助组织，采取会员制方式，与地方自治体的福祉科共同为高龄者开办各项活动，主要有与高龄者身心健康相关的教养讲座、休闲活动。又如，英国自治自助老年教育模式。英国老年人的针对性教育是切实有效的，从教育资源的渠道特点就能准确地划分这种针对性的教育，分别为高等教育系统、地方教育系统以及志愿团体组织系统等一系列相关内容。在通常情况下，前两个系统中的老年人和青年人可以一起学习，享有同样的教育资源和教育模式，而志愿团体组织系统的教育模式更具针对性，主要面向老年人开办的老年大学。英国的开放大学具有普适性，只要是成年人，都可以结合自身情况进入大学学习。这类学校并不是专门针对老年教育的，英国的老年教育大多是指第三年龄大学。第三年龄大学类似于英国的开放大学，比较特殊的是，第三年龄大学专门为老年人开设，无须具备特殊的资格和要求，准入门槛不高，同时不在入学手续上设置障碍。英国第三年龄大学主要通过志愿者宣导并组织，是具有社会福利性的老年人教育模式，属于自主及自助性的教育类型。这种教育模式由志愿者及老年人自发组织、成立和推行，其活动经费完全由个人支付，并无其他资金来源。由此可见，无论是老年人个体参与还是以组建社会组织的方式都彰显着老年人自治的特征，这为实践中开展老年人自治供给老年教育资源提供了有力的借鉴。

二、老年人自治供给老年教育资源的意义

（一）老年人自治参与的外在价值与作用

老年教育应当正视教育对老年人的社会环境应对能力和潜能开发价值。目前，对老年人的歧视与偏见直接导致了老年教育的观念偏差，认为老年群体仅仅是教育消费对象或社会福利事业支出负担等错误意识，客观上使老年人的社会参与机会减少且个人能力随着年龄增大呈下降态势，叠加导致老年群体的人力资源价值因此被忽视。目前，我国老年群体的自我价值被无形贬低，社会地位不高，精神资源贫乏，是导致老年人生存条件不能持

续改善的直接原因。[1]在终身学习时代，老年人也要不断地学习，不断提升自己的责任与义务，展现出向上的精神状态，成为年轻人的榜样，过上更有尊严的老年生活。

1.提升老年人的生活质量

老年人自治为发展老年教育，实现"老有所教、老有所学、老有所为、老有所乐"具有重大的现实意义。老年人自治可以激发老年人自主学习的积极性，自主地结为老年学习团体，共享学习资源，并在学习的过程中得到关怀、帮助和鼓励，消除老年人的孤独感、助其获得安全感。老年人通过对他人的学习和生活的帮助可以认识到自身价值，从而获得满足感[2]。此外，老年人自治也有利于丰富老年人的业余生活，尤其是精神文化生活，使其感受到学习与生活的乐趣。现代社会物质生活极其丰富，老年人的物质生活同样得到了极大的充实，但是精神文化生活却相对单调，对于很多具有一定知识和技能储备的老年人来说，精神追求和文化活动显得格外重要。老年人自治能够帮助老年人丰富精神世界，是实现"老有所乐"的重要途径。通过老年人自治，自行组织学习小组，开展兴趣学习、广场舞、游学、志愿工作等丰富多彩的活动，一方面扩大了老年人的交友途径，促使他们走出封闭环境与外界接触，结交志同道合的老年朋友，不再孤单；另一方面，使其在学习知识的同时感受到生活的乐趣，有助于老年人生活质量的提升[3]。

教育除了传递知识外，还具有启迪人的心智，实现人的社会交往，促进个体身心健康发展的作用。来自脑科学的研究数据显示，积极地参与学习并进行脑力活动的老年人患上阿尔茨海默病（俗称"老年痴呆"）的概率更小甚至还能预防其他衰老性疾病。老年人自治学习小组能够组织多种多样的活动，老年人在学到多种技能的同时，还能实现身心的全面发展。例如，棋牌类游戏能够锻炼老年人的大脑，增强其思维活力；武术、太极、广场舞能够促使老年人活动筋骨、强身健体、提升老年人的身体素质；老年人还能互相传授

［1］ 李学书.中外老年教育发展和研究的反思与借鉴［J］.比较教育研究，2014，36（11）：54-59，68.

［2］ 王宏君，程雨丝.终身教育背景下发展新疆兵团老年教育的意义及策略［J］.成人教育，2016，36（4）：49-52.

［3］ 王宏君，程雨丝.终身教育背景下发展新疆兵团老年教育的意义及策略［J］.成人教育，2016，36（4）：49-52.

很多的健康教育知识，像营养和饮食指导、疾病的预防和保健、用药指导和急救措施等；相互交流的过程还能起到与人沟通、舒畅心情、保健老年人心理健康的作用。

在科技发展日新月异的今天，老年人自治的意义显得格外重要。走出家庭的狭小空间，积极主动地学习，与学习团体中的其他人交流互动，更有利于老年人跟上时代步伐，适应现代生活环境。在交流学习的过程中，老年人逐渐获得对外界科技及信息变化的敏感度，以新的精神风貌与社会紧密结合，逐渐适应新生事物和外界环境，提升对新生事物的接受程度，回归主流社会，享受科技发展所带来的满足感、愉悦感和便利性。

2. 促进学习型社会的建设

基于终身教育理念，正规教育与非正规教育系居于同等地位的两个概念，正规学校教育成为终身教育的某一部分或某一阶段，在职学习和老年学习大大地改变了社会观念及人们的认识。发展和完善老年教育是终身学习的重要环节，老年人自治在参与老年教育资源供给对构建终身学习型社会发挥着不可替代的重要作用。以学习者为中心，人人都能够终身学习的目标指向与老年人自治的积极精神内核高度契合。

首先，老年人积极地参与学习，可以形成一种终身学习、处处学习的良好社会风气。老年人努力上进、不自怨自艾、积极进取、活到老学到老的良好精神风貌，能有力地带动社会上其他人员不局限于学校的正规教育，营造时时学习、处处学习的良好氛围，在日常生活与工作中都积极参与到学习活动中去，形成良好的学习型社会风尚。其次，老年人积极主动地参与老年教育资源的共建共享，有利于终身教育体系的建立。老年人主动学习、广泛地将社会资源转化为老年教育资源的行动有利于各种教育形式之间相互衔接、相互沟通，在互通有无的同时逐渐建构起终身教育的"立交桥"，进一步突破正规教育与非正规教育、学历教育与非学历教育、学校教育与非学校教育各自独立封闭的体制机制壁垒，一起融入终身教育体系中，构建一种全社会融会贯通的教育制度。最后，在全国老年教育资源供给有限的情况下，创办自治式老年教育具有合理性。人本主义是老年人自治的基本出发点和最深层次理念，强调学习主体的自主性，让老年人充分认识到自己的权利与义务的基础上，积极地将各种人力、物力及财力资源转化为老年教育资源，同时也提高了老年教育的效率与效果，既有利于老年人的自我完善，也有利于发挥老年群体的余热。

老年人自治实际上是对个体学习权利的重新认识和把握。老年人只有充分认识到自己拥有终身学习的权利，才可能利用自己的学习权利去主动获取社会中的教育资源，将社会上的各种资源转化为老年教育资源。当老年人积极地将自己的社会文化、精神文化、娱乐生活与学习紧密地结合起来，在日常生活中不断地提升自己的精神、教养或能力，学习型家庭、学习型社区、学习型城市才会逐步实现，最终实现学习型社会。

3. 实现"银发资源"的开发利用

老年群体作为整个社会不可或缺的一部分，不应当被看作是家庭和社会的负担。相反，老年群体蕴含着巨大的财富，他们所具有的工作经验和知识储备是年轻人无法企及的。因此，老年人又被形象地称为"银发资源"[1]。对老年人来说，开发"银发资源"，走的是一条自我救助的积极养老之路，是变部分老年教育消费人口为生产人口，既能为国家继续创造财富，降低实际供养系数，有助于减轻社会和家庭负担，有利于社会经济发展，也有利于老年人的身心健康与自我实现。现实中相当一部分老年人拥有精湛的专业技术和丰富的知识储备，老年人自治通过激发老年人的自主学习能力，自主地学习新技能或者形成学习团体相互学习。这种学习与教育本身就是一种宝贵的教育资源，能够让老年人主动摒弃因循守旧的思想，培育积极向上的精神面貌，增加重新参与社会建设的自信，甚至产生"再努力一把"的奋斗心态。积极地与社会接触能让老年人不自觉地产生社会责任感与事业心，他们丰富的知识储备和长期积累的宝贵经验，以及与社会各方面的公共关系，都更有可能在他们各自的事业中继续发挥重要作用。

老年人自治可以促使老年人对自己的生存现状、生活方式进行深刻的反思，这是一个逐渐唤醒老年人的内在潜力与创造力，释放他们个体作用的过程。老年人自治本质上是对老年人个体生命力的一种唤醒，一种解放。即使不愿在原岗位与工作中继续发光发热，老年人也能通过学习获得新的知识与技能，利用自己的聪明才智与社会资源开创新的事业，实现"银发资源"的创新式发展与可持续发展。还有部分老年人曾经为社会做出了杰出的

---

[1] 王宏君,程雨丝.终身教育背景下发展新疆兵团老年教育的意义及策略[J].成人教育,2016,36(4):49-52.

贡献，但由于时代发展、信息与知识的更新速度加快，他们的思想观念和知识结构逐渐与时代脱节，以致难以适应当今数字化时代的发展与变化。尽管存在种种制约因素，但这部分老年人可以通过再教育活动，更新自己的知识与技术，通过各种形式重新参与社会建设，找到适合自己发挥余热的舞台，充分发挥自身的潜在价值，为社会做贡献。

因此，老年人自治参与老年教育资源供给具有深远的个人、经济与社会意义，它将老年人自身的主动性发挥出来，自发地参与老年教育资源供给，在满足自身精神文化需求的同时，也提高了老年人的整体素质，进而提升老年人的生活质量与生命质量。[1]这不仅减轻了社会的养老负担，老年人自主性的激发也有利于学习型社会的建设与社会"银发资源"的开发利用。

（二）老年人自治供给老年教育资源的内在价值

老年人自治在老年教育资源供给中起着重要作用，老年人积极自主地参与老年教育资源供给，不仅可以拓宽老年教育资源供给渠道，丰富老年教育资源的现有存量；还可以实现优质老年教育资源共享，让更多老年人享受老年教育资源、接受老年教育，实现终身发展；有利于老年教育资源的进一步整合，实现老年教育资源的协同供给。

1. 拓宽老年教育资源的供给渠道

目前，我国老年教育资源供给渠道比较单一，各级政府财政投入老年大学等专门机构是其主要教育资源来源；但是面对日益加剧的老龄化社会，这种资源供给是极其有限的。老年人自治能够激活老年人学习、教育投入的主动性，开发老年人自身具备的教育资源，让老年人同时成为老年教育资源的提供者与享受者，既增加了老年人的社会参与度，同时又开辟了老年教育资源作为准公共产品的社会供给和私人供给的可能路径。随着市场经济资源配置能力的增强、科技的创新发展以及医疗技术的进步，相当部分老年人在老年生活中依旧保持着强烈的求知欲并具备学习的身心基础，更希望过一个有意义的老年生活。一些知识型、技能型的老年人，他们具备极强的学习能力，有领导、组织能力和专长，比较

---

[1] 王甜. 老年教育意义及其特殊性论略[J]. 中小企业管理与科技（上旬刊），2013（9）：127-128.

适合参与老年教育资源供给[1]。

尤其是，大规模的低龄老年人可以从积极学习与提供老年教育资源中获得"价值实现"的满足感，消除退休生活的无聊感和孤独感。既提高了老年人的生活质量，同时又满足了老年人的精神需求，真正实现了"老有所为"；既可以使老年人保持更加积极的心态，又有利于老年人的身心健康[2]。通过老年人自治，老年人可以依据自己的兴趣爱好，以及自己的知识特长，积极地参与学习，自主地组织学习，在充分交流中共享知识与技能。这种方式既能使老年人充分地参与社会，同时成为教育资源的提供者与享受者，进而成为人口老龄化形势下，国家和社会老年教育可持续发展的宝贵资源。通过老年人自治，激发了老年人参与学习、接受老年教育的积极性。老年人对学习的渴求，产生了老年教育的新需求和新的老年教育市场，从而为其参与老年教育资源供给提供了机会。社会、市场与企业等各种类型的社会主体都能积极地加入到老年教育行业中来，充分利用自身的专业优势与行业背景开发老年教育资源。与此同时，市场也成为了政府、企业、个人三种主要老年教育资源供给的最佳调节器。

随着信息时代的到来，计算机和网络的迅速发展，互联网发展创造的泛在式学习环境将老年教育资源送到每一位老年人的身边，老年人自治鼓励老年人自主探索互联网，进行网络学习、网络交流，虚拟空间为老年教育资源供给提供了广阔的前景。目前，远程教育已成为老年人"空中学习"的便捷渠道，是老年教育资源新的增长点。充分利用远程教育的各种形式，以电视、老年大学和老年学校为依托，以老年人群为主体的网络教育运作机制，开设针对老年人群的空中学习组织，鼓励老年人主动获取网络课程，消除时空阻碍，实现教育资源多元化[3]。

2. 促进老年教育资源的广泛共享

老年人自治有助于优质老年教育资源的共享共建。积极鼓励和帮助老年人自主学习、

---

[1]　赖立. 立足社区，开发老年人力资源的思考[J]. 职教论坛，2014，30（33）：50-55.

[2]　赖立. 立足社区，开发老年人力资源的思考[J]. 职教论坛，2014，30（33）：50-55.

[3]　赖立. 立足社区，开发老年人力资源的思考[J]. 职教论坛，2014，30（33）：50-55.

参与群体性学习，老年人自治既可以社区为单位形成非正式的学习组织或团体，又可以利用居住地附近的公园、科技馆、海洋馆、文教中心等公共场所或设施自行组建老年教育组织或社团，开展各种形式的老年教育活动，参加者可以自由组合，相互传授技能，让每一位老年人在相互学习中掌握更多的知识技能或培养更多的学习兴趣。在这些场所开展老年教育活动，便于老年人就近学习，充分享受闲暇教育的乐趣，即使高龄老人也可以参与到教育活动中来，非常的便利。老年人自治提供的老年教育具有一定的福利性质，许多教育都是免费的；即使收费，费用也较低。老年人接受教育的低成本，才更凸显老年教育的普及性和平民性[1]。

老年人自治下的老年教育的主体是同一或相近社区的老年人，这些老年人通过相同的教育资源获取需求组织起来，主动参与，弥补了公共老年教育资源供给的缺位，体现了老年人对于自身相关公共事务的关注，这种参与是一种自立自主的主动参与；对于社区其他成员来说，老年人对社会事务的积极关心也增强了社区活力，进一步加强了社区团结。同时，基于社区内老年交际形成的熟人社会行为逻辑，一部分老年人的参与往往会带动其他老年人的参与，进而实现全体老年人的参与，实现整个社区老年教育事业"自给自足"式发展。当且仅当共同体的每一位成员都融入了共同体的整体生活，老年人自治的内涵才能得以彰显[2]。

从老年自治学习组织的分布来看，全国自发自主的老年学习、教育组织的覆盖面逐步扩大，已经扩展到全国各大城市与部分乡村。老年人自治下的老年教育能够利用多种平台、多样手段为老年人推送老年教育资源，实现线上学习与线下交流相结合，提高老年教育资源供给的时效性和可持续性，有针对性地为老年人多元化的个性需求精准投放老年教育资源，有效节约了有限的老年教育资源。此外，老年人自治为社区内的老年人提供了交流平台，伴随老年人的有组织化，进而也构建起社区内老年人对老年教育资源的共享机制，这一机制不仅缓解了社区内老年人个体之间存在的老年教育资源分配不均的利益冲突，还

---

[1] 王英, 谭琳. "非正规"老年教育与老年人社会参与[J]. 人口学刊, 2009, 31（4）: 41-46.

[2] 秦小建. 和谐视角的农村社区建设与村民自治[J]. 重庆社会科学, 2011（1）: 64-70.

创建了一个老年人之间相互交流的平台，在这个平台上，社区老年教育资源能够得到极大的共享与合理分配，大大降低了资源分配不均、部分老年人极度缺乏教育资源情形。

老年人自治在充分发挥老年教育资源供给优势的同时，又节约了管理成本与费用，符合老年群体的经济承受力，也减轻了政府与社会对老年教育资源的供给负担。老年人自治既符合国情，又结合老年人的自我教育与老年人相互学习两者的优势，兼具社会效益与经济效益，是未来老年教育资源供给模式的主流发展方向。

3. 有利于老年教育资源的优化整合

特罗布里奇认为：现代社会，庞大的人口正进入老年……面对空巢、离职等生活变化的挑战，他们需要智慧来解决，而智慧是长期伴随那些长寿并经历更多的老年人的品质，它意味着老年人积极发展的潜能[1]。老年是人一生中最成熟、经验最丰富、知识积累最丰厚的阶段，正是这种人生的整合，形成了一个人拥有智慧的最佳阶段。老年人自治能充分整合零散的老年教育资源，帮助老年人提升自我价值，完成人生智慧的整合与自我实现。老年教育资源整合是发展老年教育过程中开展的一系列资源整合活动的总称，其目的是更好地达成老年教育的目标、实现老年教育的价值。

首先，老年教育自治组织的建设将原本以家庭、社区为单位的老年群体以老年学习的方式重新组合在一起，并将各自社会纽带相连的社会资源进行优化整合，自给自足地供给自己所在老年学习团体。其次，老年人自治通过整合社会资源，吸纳非政府组织、公益机构、志愿者团体、社会工作者等各种社会力量，参与老年教育的发展。通过发动多种教育资源，多层次、多角度地提供充足的老年教育资源汇集到老年教育领域，有助于各个社会组织的通力协作，共同关注老年人的生存、教育、发展环境，促进和谐社会的形成。其中，推进社区老年教育的社会化，构筑民主参与的发展格局，是增加老年教育资源供给的有效途径。

一是整合学校资源。老年人自治是以社区为基础进行的教育，社区本身就是一个完

---

[1] 李洁. 老年教育理论的反思与重构：基于西方现代老龄化理论视野[J]. 开放教育研究, 2015, 21 (3)：113-120.

整且功能齐全的社会组织形态，依托社区开展老年教育资源供给，基础条件非常成熟。由于人口老龄化加剧，青少年学习群体的天平逐步向老年群体倾斜，闲置较多的学校教育资源，可进行统筹规划布局和功能结构调整。按照因地制宜原则，寻求社区所在地的高等院校供给学习课程，或利用寒暑假开展校园继续教育，为老年人和准老年人提供多样化的学习机会。

二是整合非教育机构资源。积极开拓驻社区的文化机构等资源，整合社会福利资源，建立面向社区老年人的教育资源供给体系。鼓励经民政部门登记的老年康养机构等民间社会组织，参与社区开展的老年学习活动，例如老年人的心理健康、关怀生命、医疗保健、家庭互动及健康维护等课程。鼓励卫生、医疗部门参与社区老年教育活动，整合医疗卫生资源，普及医疗保健知识、用药安全知识，并辅以志愿服务培训等工作。整合文化资源，鼓励隶属文旅部门的文化艺术中心为社区老年教育活动提供支持，鼓励老年人参与文化艺术传承与技艺交流学习。鼓励农技站、图书馆、博物馆等机构为老年人提供农业技能学习、社会服务技能训练、休闲生活、家庭关系、代际教育活动等学习资源。

第二节 老年人自治路径供给老年教育资源的现状与问题

老年人自治组织供给老年教育学习资源的有效性，首先取决于这种组织内部的紧密程度，尤其是经费、活动场地等外在条件，这些条件将在很大程度上影响老年教育的内容、方式及保障制度等资源供给，因此，老年人自治组织参与老年教育资源供给尚需进一步探索。

一、老年人自治供给老年教育资源的现状

（一）老年人自主参与老年学习的形式

随着社会经济的发展，老年人文化素质的提升以及闲暇时间的增加，越来越多的老年人对继续教育的需求愈加迫切，老年人自治教育得到快速发展。并且，因其便利性、灵

活性、参与性强等特点成为老年教育的主要形式之一，让更多老年人实现了"老有所学、老有所为、老有所用"。但总体上看，国家对老年人自治供给老年教育资源的重要性和紧迫性的认识仍显不足，社会及老年人自身的陈旧观念等又阻滞了老年人自治的发展，从而导致整个社会对老年人自治参与老年教育资源供给的引导和资源投入相对滞后。

老年人自治参与老年教育资源供给在英国、澳大利亚等国家已成功探索出一套成熟而完善的老年教育资源供给模式。在这些国家，老年大学由老年人自发组织成立，是所有有专长的老年人自发组织成立的非营利性的志愿者组织，被称为第三年龄大学。[1]与国际社会相比，我国老年人自治参与老年教育资源供给起步较晚。随着人口老龄化速度的加快，近二十年来，我国老年教育事业得到长足发展。与此同时，老年人自治也得到了快速发展，呈现出多种多样的组织形式。老年人自治是依托社区的基层老年自治组织，是实行老年人自主教育、组织、管理、自我服务的老年教育形式。伴随着数字经济的驱动，多元化、信息化手段凸显了新的功能和价值，老年人的学习需求得到极大满足。例如，江苏南通市创建了市民学习网和"学在南通"等智慧学习平台，联合南通开放大学，打包数字资源，点对点送到老年人手上，覆盖了更大范围的老年群体。这些丰富多彩的老年人自治活动既丰富了老年人的退休生活，又丰富了社会文化生活，成为和谐社会与人民幸福生活的重要组成部分。

（二）老年人自治组织参与老年教育供给的现状

我国老龄化社会形势加剧，但真正传递到个体的压力并不明显，同时因区域、城乡之间的经济社会发展水平存在差异，老年教育及其组织发展的程度也有差异，最终导致老年人自治组织开展老年教育活动的深度也存在差异。老年人自治组织参与老年教育资源供给主要有三种方式：一是自治组织有名义上的组织，但没有固定的活动场所，散见于某一区域内各个家庭中，组织活动具有临时性或偶然性。二是自治组织有固定的活动场所，但没有固定的经济来源，可以通过社会捐赠或者赞助的方式获取一定经费，没有实际组织者，

---

[1] 王英,谭琳."非正规"老年教育与老年人社会参与[J]. 人口学刊, 2009, 31（4）: 41-46.

集体行为较少，活动内容以休闲娱乐见长，具有教育意义的活动偏少。三是有固定、独立的经济来源，有独立的组织，组织机构比较健全，组织程度较高，除了组织与老年人有关的活动外，还参与更广泛的事务。但是与同等学力教育学校、老年大学等供给老年教育资源相比，老年人自治的组织化程度明显低得多。

二、老年人自治供给老年教育资源存在的问题

随着我国老龄化进程加快，社会中退休老年人数量急剧增加，老年人自治也得到了快速发展，呈现出多种多样的组织形式。从总体上看，我国的老年人自治还处于自主自发的起步阶段，很多老年人自治组织还存在不少问题，与老年人日益增长的精神文化需求相比还存在较大差距，还需在平衡与充裕上作进一步调整。

（一）老年人自治规模小、覆盖面窄

老年人自治组织一般是依托几个相熟的老年人组成，没有系统化的管理与规范，因此规模与服务范围相对较小，自治组织内的老年人群同质化程度较高。经研究发现，老年人自治学习组织的参与者主要是低龄、受教育程度较高、健康状况比较良好、经济收入较高的老年人。这是因为老年人自治组织开展的活动以锻炼身体、吹拉弹唱等活跃性较高的文体活动为主，这些活动比较适合年轻、健康状况较好的老年人。相对高龄的老人受精力与健康状况的限制，社交范围逐渐萎缩，社交能力与自治能力逐步丧失。受教育程度较低、经济能力较差的老年人难以融入这些老年人自治组织，也难以享受到老年人自治组织所提供的老年教育资源。此外，对于空巢、丧偶等特殊老年人群的服务也处于空白状态。

（二）老年人自治内容与形式单一

老年人是一个构成复杂的社会群体，从学历上看，既有受过高等教育的知识分子，也有错失教育机会的老年人；从年龄上看，有下至五十左右，上至九十高龄的退休职工。不同老年人学习与教育需求是完全不同的，从逻辑上分析，老年人自治多数是一种自发自主的学习活动，未受到任何正式的组织和引导，有利于老年人多样性学习需求的实现。现实中，老年人自治的多样性与差异性并没有在老年人自治中得到充分的体现。调查显示，老年人自治开展的教育大多是健康保健类和文艺娱乐类活动。许多老年活动虽然丰富了老

年人的闲暇时光，但也使老年人自治下的老年教育娱乐目的被扩大化，画画、唱歌、跳舞等活动被理解为老年教育的全部内容，而老年教育应当承载的其他责任（促进老年人的继续发展、指导老年人健康生活等）却没有得到充分体现，其作用的发挥也因此深受影响。[1]这种以娱乐活动为主导的老年人自治既错误地解读了老年教育的真正含义，也大大地缩小了老年人自治在内容与形式上的丰富性和可拓展性，甚至在一定程度上制约了老年人可持续发展的空间。

（三）老年人自治不规范

老年人自发、自主、自动地进行学习或形成学习组织进行活动，因此这种学习活动与学习型组织本身就显得较为松散与随意，自然表现出老年人自治缺乏专业规划；另一方面，由于组织规模较小，难以得到社区或其他社会组织的重视，进而缺乏与其他社会组织进行沟通的渠道。封闭性的自治学习组织直接导致老年人自治中发生的问题得不到教育部门与社区的帮扶，在组织、教育过程中不能充分利用社会上的人、财、物等资源，甚至老年人自治组织在活动中与其他社会成员争夺社会公共休闲娱乐场地、设施而引发社会冲突的新闻时有出现。从社会角度来看，老年人自治是各自为政、自生自灭，尤其缺乏完善的顶层设计，在全面统筹、组织协调和规划指导方面的作用完全没有得到发挥。老年人自治在老年教育具体实施过程中既没有完整的学习与教学计划，也缺乏对学习效果的评估，致使老年人自治的影响力与教育成效大打折扣，已有的探索与成功经验也难以得到有效推广。

从总体上看，老年人自治在实施上呈现很大的随机性，相较于老年人的教育需求有较大的差距。目前，老年人自治虽有一定的老年教育作用，提升了老年人的生活质量与社会参与度，但由于老年人自治是一种自发、自主、自动的老年教育形式，社会上其他组织机构对其缺乏正确的引导和管理，体现在老年人教育服务上出现各种问题，甚至引发了不少社会矛盾。

---

[1]　许广敏. 老年人教育参与障碍之研究[D]. 上海：华东师范大学，2004.

（四）对老年人的偏见观念

马克思在《德意志意识形态》中指出，意识是人类大脑的一切活动及结果，即作为具有直觉性的思维，它能指导并促进人类活动。目前，社会各界还未认识到老年教育作为终身教育体系的组成部分所具有的独特意义和价值。例如，他们认为老年教育主要是休闲、娱乐教育，即"老有所乐"。但实际上很多老年人都有自己的精神追求，希望"老有所为"，他们渴望用自己的知识和技能服务老年朋友和回馈社会，实现自身价值。[1]除了对老年教育观念存在偏差外，社会各界对老年人普遍存在某种意义上的偏见与歧视，认为老年人是社会的负担和累赘，固执、保守、学习能力差、对新生事物特别是现代科技的接受能力不够，尤其是对老年人精神文化需求重视不够。而老年群体也普遍存在"老而无用""老而无为"的消极思想。大部分老年人认为自己离退休在家，帮助子女照看孩子，或在家聊天做家务，没必要参加老年教育，更没有认识到老年人自治活动也是一种积极健康的老年教育活动。

（五）老年人自治资金缺乏

由于缺乏专项经费支持，老年人自治的教育资源相对比较贫乏，内容与形式、服务的范围与教育规模都受到严重的制约。当前，政府投资主要集中在老年大学建设，对老年人自发性的学习（兴趣）小组等多元教学模式的培育与激励主要依托社会力量，而教学资源开发、师资培训及教育环境的改善则取决于地方政府的支持，所以老年人自治来源于政府经费的支持较少。而且政府的资金拨付没有固定预算，完全取决于财政余力。同时，老年人自治还缺乏资源共用共享平台。目前，仅靠社会自筹经费不足以支撑起老年人自治社区教育平台的建立、完善和运行。只有当省级共享社区教育平台建立后，各类平台资源能够得到有效整合利用，才可能集中人力、物力、财力，进行平台开发和省级资源的建设与创新。由此可见，老年人自治很难获得政府的经费支持，即使有也十分零散。由于缺乏长效机制，长此以往，这种老年教育形式将难以为继。

---

[1] 《全国老年教育发展规划（2016—2020年）》远程教育课题组.全国电大系统老年教育发展调研报告[J].中国远程教育, 2015（9）: 61-70.

（六）老年人自治管理混乱

老年教育发展至今，归口管理问题一直悬而未决。老年教育该谁来管、谁来办并不明确。调查显示，老年教育机构的管理体制不顺、管理体系不明晰，在行政管理上存在比较严重的条块分割现象，教育系统的作用并未得到充分发挥。有的地区将老年人自治的重点放在"社区"上，社区老年教育由地方政府部门直接管理；有的将重点放在"老年"上，把社区老年教育纳入老龄工作，由老龄委、老干部门或民政部门管理；还有的将重点放在"教育"上，将老年教育直接归口教育部门或者文化部门管理。

尽管上述各部门对老年人自治参与老年教育资源供给发挥了重要作用，但由于缺乏统一规划、缺乏统筹协调，造成目前我国老年人自治政出多门、交叉管理、权责混乱、相互推诿等诸多问题。从各部门的实际管理情况来看，由老龄委组织实施社区老年教育最大的掣肘在于缺乏充足的资金保障；由教育部门组织实施社区老年教育的最大问题在于重视程度不够，即过分专注正规教育和义务教育的发展，对非正规教育和老年教育资源供给重视不足；由社区组织实施老年教育尽管可以实现社区老年教育的快速发展，但由于专业性不足，老年教育资源不可能实现合理分配，必然影响老年人和准老年人多样性教育需求的满足程度。此外，社区老年教育往往分属于多个部门或科室同时管理，由于各部门管理职能不同容易导致各该部门分头开展的老年人自治活动缺乏整合和协调，无人管理与管理过多等现象同时并存。

（七）老年人自治组织发展不够

对于老年人力资源开发而言，政府的引导扶助、市场的推动刺激，都是外力，真正意义上的开发是以老年人自身为主体的自我开发。只有老年人自身投入进来、组织起来，承担起人力资源开发的主体责任，老年人力资源开发才算成功。老年人自治组织的发展还未认识到该组织对于老年人力资源开发的重要性。走访中经常听到"领导不重视""没人管""单位没有了，我们无从发挥余热"等来自老年人的抱怨，表明老年人自治意识不强、自治组织形式不够多。现有的老年人自治组织不仅数量少，而且独立性差、相对封闭且功能单一，在我国传统的单位制度弱化后，未能承担起组织老年人联系社会、获取资源、传输利益渠道等责任。以武汉市某城区为例，经调研发现，办得比较红火的几个老年民间社会组织，如老年人书画协会、延安精神研究会等，都具有较深厚的政府背景。在人员构成、资金筹措、活动场所、活动内容等方面都得到政府部门的大力支持，而面向社会、面向市场的能力较弱，自身缺乏应有的"造血功能"。真正与老年人力资源开发相关的老年社会组织，如老年群体创业组织、老年群体互助组织、老年群体社会中介组织等，还非常少见。

第三节　老年人自治路径供给老年教育资源的案例与经验

一、老年人自治供给老年教育资源典型案例

国内外老年教育自助自治模式起源于自助运动的蓬勃发展和"积极老龄化"理念建构与终身教育理念的推动，充分体现了老年群体参与社会的积极性。20 世纪中后期以来，随着科技的进步、经济的发展以及医疗水平的逐步提高，老龄人口逐渐增多，人口老龄化已成为世界各国重点关注的问题，国际社会已然形成多种极具特色的老年教育模式，自治互助模式就是其中的一种。

（一）浙江省台州市玉环县双峰村老年人协会

双峰村位于浙江省台州市玉环县大麦屿开发区，该村成立的老人教育基金会是一个乡村自治组织，在参与乡村自治和服务老年群体方面摸索出了自己的经验，对于今天的老龄化社会有着重要借鉴意义，尤其是在留守老人数量庞大的农村，医疗教育服务更需要社会力量的积极参与。

1. 自治组织的发展

双峰村老年教育组织的发展几乎印证了改革开放以来农村经济社会中老年人自治组织的发展历程。1989 年，双峰村成立了老年人协会，成立之初没有固定的活动场所，这与自然经济发展状态下的村落形态十分吻合。1992 年，玉环县老龄委派员帮助该协会健

全各种制度、设计活动项目，协会人数随之增加。1994 年，在县老龄委与村委会的协商努力下，老年人协会活动室与村委会办公楼合并建设，从此双峰村老年人协会有了自己的活动场所，成员之间的联系也变得更加紧密。

双峰村老年人协会的资金主要来源于村里的一个家族式企业，这也是协会能够实现自治的主要原因，但由于该企业的一次投资失误，导致协会资金出现短缺，协会运转十分困难。全村及该企业为避免协会运转受到干扰，决定由该企业捐赠一笔资金开立专门账户管理供老年人协会使用的基金。至此，双峰村的老年人组织实际上是一个由老年人协会和老人教育基金会构成的双重组织，后者的会员也是前者的成员，但基金的运转和使用则由基金会独立进行。

2. 老年教育资源供给内容与形式

双峰村老年人协会作为一个乡村自治组织，广泛参与了乡村事务治理，其主体职责在于维护老年群体利益、服务老年人教养生活。该协会组织安排村里老年人的休闲娱乐活动并为活动提供场所等；在协会活动室，老人们可以打牌、下棋、看电视、看书、聊天等；协会还适时组织老年人参加比赛、晨练、扭秧歌等集体活动；该协会甚至还统一组织老年人旅游活动等[1]。从性质上分析，这些活动仍然是自主性极强的老年教育活动。虽然没有固定的师资与课程，但活动是经县老龄委精心设计的，仍然具有重大的教养文化意义。

3. 老年教育供给经费来源及管理

双峰村老年人协会作为一个自治组织，首先就是组织经费的相对独立性，其经济来源主要有三种：一是社会捐赠。从 1998 年起，村委会每年从村集体收入中划拨 2 000 ~ 3 000 元作为协会的经费开支，这些收入包括企业或个人捐赠，也有村委会的资助。二是企业专有经费资助。企业资助的前提首先是企业自身的生存与发展壮大，在企业创建和发展壮大过程中，双峰村历届村委会在工业用地和资金上都给予他们很大的支持和帮助，企业为回馈社会，联合村委会成立老人教育基金会，为基金会提供专有经费。三是收取会员

---

[1] 黄红华,潘起造. 双峰村老人教育基金会：一个自治农村的社会组织[J]. 浙江学刊,2002(6)：28-32.

会费。这是协会早期的主要经费来源，随着会员数量的不断增加，会费收入也成为开展老年教育活动的重要经费来源。

（二）美国终身学习学院自治模式

1. 基本情况

20 世纪初，全美 50 个州和哥伦比亚特区在伯纳德·奥舍基金会的资助下，陆续建立起 125 所奥舍终身学习学院（OLLI）。奥舍终身学习学院国家资源中心定期召开全国性会议，为全美范围内有关终身学习学院建设提供交流平台，提供老年教育规划的咨询建议。美国终身学习学院建立了一套会员制度，收取一定的会费以保障学院正常运转。美国终身学习学院以高校为基地，但在教学和管理方面又与高等学历教育彻底分开，自成运作体系，为高校驻地的社区提供力所能及的教育服务。美国终身学习学院在一定程度上体现了学院的自治水平，美国老年教育非常重视对老年人价值和权利的体现，老年学员在学习过程中可以扮演领导者、教师、管理者、课程规划者、学员等多重角色。

2. 老年群体身份自治

终身学习学院（OLLI）是美国典型的老年教育自治模式，老年人参与大学的各项核心活动，高校管理者与教师既以学员身份参与大学健康课程及其艺术和文化活动，也无偿地从事志愿服务工作。在参与管理和老年学习中，可以让老年学员正视自己存在的社会价值。OLLI 的管理是民主的，充分体现了老年人的自治需求，支持个人发表对教师、课程或学员管理的不同意见与看法。无论学习者的社会背景如何，是否接受过学历教育，也不管层次如何，他们的意见与学校资源投入都会得到支持，学院之间汇集形成一股较强的组织凝聚力，每一位成员都把终身教育资源供给作为自己的事业来经营，进而深入地学习与互动。

美国终身学习学院的教学内容、管理方式、活动事项的安排都是与老年学员充分沟通与协商之后定下来的，这种对老年学习群体的价值尊重使老年人自我学习效能感得到增强，同时也增强了老年学员的价值归属感和包容性，逐渐形成一种合作、信任、互助、共享的组织凝聚力，并且这种组织凝聚力日益强化，逐渐内化成为老年人价值观和行为准则的一部分，成为服务社区老年学员的内在驱动力。

（三）英国老年教育自治互助模式

英国第三年龄大学完全是由老年人组成的学习型合作组织，参与学习的学员系退休或没有全职工作但希望学习新技能的老年人，这些老年学员可以共享教育活动与娱乐休闲活动，是典型的"自助型"老年教育模式。

1. 基本情况

英国第三年龄大学具有自愿参与性、非营利性、非宗教性以及非政治性等特点，是志愿者自治参与的老年教育模式，大学不接受政府资助，全靠自筹资金；大学未设组织管理机构，而是基于基本的管理目标，进行项目式管理，每个项目资金自筹、自治运作，由志愿者进行管理，体现了自下而上的管理模式。

志愿者组织并不是零散的，他们成立大学委员会进行项目管理，委员会内部有成熟的运作机制、监督机制，大学委员会作为中心机构，服务协调多个老年学习或活动小组。

2. 自主确定教育目的

自治性老年教育活动的开展通常需要营造一种自助互动性的氛围，在这种互动共享的氛围中，老年人的学习是基于自身发展需要，学习项目也是老年人自主设计的，没有学历教育教学大纲和评估考核的限制。英国第三年龄大学以"学习为乐"理念运行，对老年学员的参与资格没有大学学术研究要求，不需要任何资质证明。

3. 自主确定教育内容

在自助型老年教育模式中，老年学习小组是基于共同兴趣、爱好组织在一起，自主定义学习方式、自主设计学习方案、自主执行学习计划，并指定一个或多个在该学习内容上有自主研究且具有较高认识的人来作指导，具有较高的民主、自由精神。英国第三年龄大学老年教育的学习内容是基于学科来设置的，老年学员可以选择学校安排的课程。

4. 自主开展教学活动

英国第三年龄大学的学员既可以作为某个学习项目的指导员，指导其他学员学习知识、技能，同时也可以作为学生，向其他项目的指导员请教学习；指导学习的方式通过交流合作方式实现，可见指导员同时扮演着协调者的角色。英国第三年龄大学的众多老年学员不乏退休的学者、教师或专业人士，他们拥有相当的知识背景，教育水平也较高。英国第三年龄大学创始人彼得·拉斯特认为，"自助"的目标是建立在退休人员的基础上，老年学员不需要依赖付费教师，教师和学习者以项目互助的方式作为教育消费支出。英国第三年龄大学鼓励老年人组织成立自己的非正式学习小组，选择感兴趣的话题，并分享自己熟知领域的社会经验。

（四）澳大利亚第三年龄大学自治模式

1. 组织运转方式

澳大利亚第三年龄大学（简称 U3A）类似于一个公益性社会自治团体，是一个非营利性、非学历教育机构，由志愿者自主组成的管理委员会保障其日常运行，"通过组成自治自助小团队，将有共同想法的老年人聚在一起，互相协助解决遇到的问题，相互提供支持并进行信息交流互换"[1]。U3A 形成了一套自我管理、自我服务的高效运转方式，体现了较高的自治性。U3A 虽采取自治方式，但组织并不分散，学校章程规定了学校组织构成及日常管理，明确了学校办学目的、学校职权、会员管理、行政管理职责、财政事务等关键事项。U3A 组织机构以"自我管理、自我决策、自我帮助"为办学原则，管理层级简单，但管理非常高效。

2. 师资队伍与老年群体自主参与

U3A 的师资也是以老年参与者为主，对任课教师没有学历、教学经验、任职资格等硬性要求，有兴趣特长、愿意分享的老年人都可以加入 U3A。U3A 认为老年学员不同于学历教育学生，应基于成人学习特征，选择年龄相近的老年群体作为学习指导员，便于相互交流学习，他们以自愿参与方式持续为 U3A 提供人力和财力方面的支持。U3A 的志愿者们既是学员也是教师，既是学习服务对象也是组织管理者，双重身份增强了参与者的主人翁意识，对老年教育事业更加热忱。正是基于老年参与者同时具有的管理者和学习者身份，大大压缩了老年大学的运行成本。作为自助组织的 U3A，当然需要一定的经费资助，管理者会研究国家政策和市场需求，在遵循教育规律的基础上积极争取社会组织的支持。

---

[1] 欧阳忠明，葛晓彤，杨亚玉. 中国与澳大利亚老年大学的个案比较研究：以 NC 老年大学与 BC 第三年龄大学为例[J]. 现代远距离教育，2018（1）：57-65.

此外，U3A 还充分发挥老年人力资源的作用，减少运行开支。

（五）日本老年俱乐部自治模式

日本老年俱乐部是接受政府资助的老年人自治组织，实行会员制与地方自治体的福祉科共同为高龄者举办和开展各项活动，是日本老年教育众多模式中的一种。

1. 基本情况

老年俱乐部创立之初，所有活动的目的就是为高龄者提供福祉，因此俱乐部发展过程一直存在"教养三分，娱乐七分"的情况。老年俱乐部的主要活动之一，就是组织老年人学习。一些社区教育中心也开设了老年班，专门培训社区老年工作者，培训内容包括日本政府关于老年福利的法规、政策，老年生理学、心理学、和歌、俳句、书法、绘画，等等。

20 世纪 80 年代后期，日本老年俱乐部开始组织老年人参与社区志愿者活动，由此俱乐部的功能不断地向外扩张。从发展起源上看，老年人高度参与其中，自治性特色非常明显。老年俱乐部坚持自愿参加原则，绝不附带任何强制性。老年俱乐部实行会员制，会员年龄虽无统一标准，但一般吸收 65 岁左右的老年人入会，原则上凡是 60 岁以上的老年人均可申请参加老年俱乐部，个别地区 60 岁以下的申请者，可吸收为"预备会员"或"准会员"。老年俱乐部的活动经费主要依靠会员会费维持，但作为推进高龄者人生价值与健康事业的一部分，也接受来自国家和地方自治体的援助。

2. 老年俱乐部自治模式下的社会养老活动

一是参加社会活动。老年俱乐部组织老年人参加各种社会活动，其中以举办老年人作品展览与艺术表演活动最多，例如作品展览、艺术表演、友好访问、维持交通安全、清扫美化环境、社会服务、座谈交流、乡土史调查研究、生活讨论会等。二是举办大会活动。老年俱乐部在一年内通常会举办多种内容的大会，以活跃老年人生活。例如老年俱乐部大会、老年福利大会、社会福利大会、体育运动大会、围棋与象棋比赛大会、市民会议、电影与电视放映会等。三是开展学习活动。近年来，日本各地学习活动十分盛行，各地开办的老年大学与高龄者学校日渐增多，申请入学的老年人也不断增加。当前，由于各类老年人学校还处于供不应求阶段，各种老年人函授学习班也如雨后春笋般开办起来。四是举办兴趣活动。老年人参加各种兴趣活动可使其身心愉快、心情开朗、生活充实，因此，各种极富生活情趣的兴趣活动可以吸引一大批老年人。但由于老年人各自的性格及生活经历的不同，其兴趣、爱好必然有所差异，因此老年人可根据各自的兴趣、爱好有取舍地参加活动。

为了让老年人更充分地与社会接触，老年人俱乐部还开展了其他活动，这些活动是由地区条件及老年人的具体情况决定的。例如，福利讨论会、老年人联欢会、社会考察活动、参观先进单位或名胜古迹、增进健康活动、扫墓活动、旅游、新生活运动、老年人就业问题讨论会、老年人再婚问题座谈会、筹建老年人福利中心的活动等。

二、老年人自治供给老年教育资源典型经验

（一）转变观念，充分发挥老年人力资源价值

老年人自治组织就是要充分发挥老年人力资源价值，这种价值的认可取决于观念与认识的转变。一是外部社会对老年人力资源价值的认可与观念转变。例如，英国第三年龄大学的自治自助模式就是以人本主义为出发点，给予老年群体的充分肯定。从外部社会认可老年人力资源的价值，可以利用一切有志于供给老年教育资源的平台与人员，将老年人组织在一起，发挥老年群体的社会再造价值，提高老年教育的效能。二是自治组织内部及老年人个体的自我认可和观念转变。老年人要充分认识到自己的价值，充分调动自己的人力、物力、财力资源，同时也要充分发挥自己的生活经验和知识经验，强化老年群体独立自主的学习能力，使自己的实践经验经过社会更新发挥出当代价值和作用，据此从事创新活动或者创造研究。

（二）法治保障，建立"功能共同体"

规范老年自治组织建设，加大企（事）业单位老龄工作指导力度，及时调整老龄委成员，组建老龄工作联络员队伍，建立联席会议制度，协调各单位共同发挥作用。充分发挥基层老年协会的积极作用，把突破政府资源网络的需求和问题，通过老年自治、社区共治、政策立法来缓解，促进养老服务家庭及个人的能级提升，使基层老年自治组织成为立体需求满足的最后屏障，通过项目激活平台自愈能力，建立"功能"的共同体，统一思想，明确

目标，实现功能的结合，既有利于防止对冲和内耗，还有利于聚合各类涉老资源，完善社区治理结构。

（三）依托社会力量，发挥老年人的自治作用

老年人自治教育模式涉及的自治程度是有差异的，高度自治的老年教育模式（包括机构经费保障、组织机构建立、教育目的确立、学习内容安排、教学活动组织与实施）都是老年群体自主开展。事实上，大多数老年教育自治机构都未实现完全自治，而是部分自治，这取决于经济社会发展现状和老年教育事业发展的成熟度。我国老年教育起步晚，自治程度不高，而且都是部分自治，这就需要社会平台的支持。首先在老年人力资源节约上实现自治，经费保障、组织机构等还需借助外部环境的支撑。自治过程遵循循序渐进原则，可从老年教育机构最基本的教育资源供给着手，例如师资、服务等工作，充分发挥老年人的作用与价值。

（四）利用老年认知资源，加强代际交流

当前，老年自治组织开展的教育都是依托广大的社会机构，充分肯定老年群体的自主性而开展的老年教育活动。从某种意义上说，这是正规教育与非正规教育的融合，也是老年群体和年轻人知识、经验的碰撞，有助于加强代际融合。目前，我国老年教育资源供给，包括老年自治组织的资源供给，都是看似融合，实际上还是年龄隔离的教育形式。这种教育难以实现老年人对新知识、新文化和新技能的掌握；对于年轻人而言，也失去了一次从纵深方向认识社会的机会。老年自治组织相较于其他形式的老年教育，对自由、自主发展具有较好的基础，更容易打破传统的教育隔离、交流壁垒的刻板印象，吸引更多年轻人融入老年教育团队，这就需要老年教育自治组织在管理、教学等多个环节实现融合，突破社区、老年自治组织机构内部的障碍，提升老年教育自主活动的社会凝聚力，进而加强老年人与儿童、青年、成人之间的交流与互动，实现"积极老龄化"。

（五）以老养老，加强老年人角色自治

老年教育自治的本质就是以老养老模式，这有赖于对老年人的身心乃至对生死认知的重塑，对新型世界观、人生观、价值观的培育和再造，最核心的理念就是老年人力资源的二次开发和老龄文化的重塑。老年教育自治的根本宗旨就是老年机构老人办、老年事业老人干、老年问题老人管、老年健康老人抓。在劳动人口比例不断下降的危机倒逼下，开

发老年人力资源,形成老年人口不同年龄段的服务梯次,实现老年人的自我管理、自我服务。

（六）课程设置与学员兴趣高度匹配

老年教育自治的目的就是要最大程度上满足学员的学习意愿,并尽可能地满足他们感兴趣的学习活动。了解最满足学员学习需求的资源,有针对性地供给他们最适合的学习资源。学习乐趣是老年自治教育供给资源的最大驱动力,它的驱动力理应是让老年人在学习中体会乐趣,带着兴趣学习。学员通过分享知识可使自己和他人获得知识、技能和经验,支持学员选择适合自己的学习活动。自治群体的学员既是老师,同时也是学习者,二者相互交流。老年人自治模式教育资源供给的经费主要来源于学员的捐献,也接受外部资金的支持。老年教育自治组织是学员们自己经营的自治性机构,学员们提供部分自愿性服务,没有薪资报酬,但需要特殊的营利性机制保障学校课程安排与内容质量能够满足学员的学习需求。

第四节　老年人自治路径供给老年教育资源的实施与保障

从上述分析可以看出,老年人自治在参与老年教育资源供给上具有无可替代的优势和重要的战略意义。目前,我国老年人自治发展迅速,呈现一派繁荣景象,也衍生出多种多样的组织形式,不断地满足着老年人的精神文化生活需求。但老年人自治的同时,也暴露出许多问题,限制了老年人自治对老年教育资源供给的深度参与。因此,需从导致这些问题的源头出发,提出改进对策,为老年人自治参与老年教育资源供给提供坚实保障。

一、积极肯定老年群体的社会价值

全社会对老年人自治参与老年教育资源供给需要一个理性、客观的认识,破除传统观念,纠正对老年人的偏见和歧视,正确认识老年人的教育价值和潜力,重视和珍惜老年人的知识、经验,通过政府重视、媒体宣传、社会推动,为老年人积极参与学习活动、组织学习活动，创造良好的宏观环境[1]。这种转变不仅是社会观念的转变，更是老年人自我观念的转变。

老年人要破除年老无用的消极观念，正确面对自己的晚年生活，积极地争取自己的学习权利，充分运用选择教育的自由权，积极主动地参与学习过程、选择学习内容，享受学习成果。对老年人在接受教育或者自主学习过程中的"主体地位"的强调正是老年人自治的精髓，老年人自治强调老年人作为学习主体在享有学习这一"权利"时的主动性、自由性和可选择性。这种自治性的体现不只强调个体主动的学习活动，更是积极地寻求外界对个体学习行为的帮助和支持，以获得上述"学习自由"的机会[2]。

只有当社会对老年人以及老年人对自己的偏见和歧视消除后，老年人自治作为老年教育资源供给的第三途径才可能真正实现。只有当社会与老年人自身都认识到了老年人的宝贵价值，将之作为家庭和社会的重要资源，通过参与老年教育和社会服务来提高自己的晚年生活质量，通过帮助其他老年人实现自我的人生价值，为老年教育的发展发挥余热[3]。

全社会应该用实际行动积极地鼓励和引导老年人从事教育传授、社会公益事业、社区服务和自我服务等活动。了解他们需求的差异性与多样性，不仅帮助健康和低龄的老年人获取健康保健知识，还应帮助他们培养个人爱好、丰富精神文化生活，甚至帮助这些学有余力的老年人更新知识技能、参与社会和服务社会，成为老年教育资源的提供者。在面对高龄老人、老年患者、空巢老人、丧偶老人、农村留守老人、流动入城但对城市生活适应困难的老年人群时，更不能存在歧视心理，应当通过老年教育帮助他们提升自己，开解自己、达到维护自身权利和改善生活现状的效果[4]。

对老年人观念的转变是实现老年人自治的前提条件，与此同时，老年人自治也能有

---

[1]　赖立. 立足社区, 开发老年人力资源的思考[J]. 职教论坛, 2014, 30 (33) : 50-55.

[2]　兰岚. 中国终身教育立法研究[D]. 上海: 华东师范大学, 2017.

[3]　王英, 谭琳. "非正规"老年教育与老年人社会参与[J]. 人口学刊, 2009, 31 (4) : 41-46.

[4]　王英, 谭琳. "非正规"老年教育与老年人社会参与[J]. 人口学刊, 2009, 31 (4) : 41-46.

力地促进社会以及老年人自身观念的转变。老年人自治给予了老年人更加充分、更加全面的选择权和自主权。老年人能够主动组织、自主实施、主动选择、主动参与、主动调整教与学，自始至终按照自己的意愿参与到教育活动的全过程，老年人在自治过程中提升了主体意识，也培养了社会参与能力，获得了更加积极的生活理念，以一种全新的姿态更好地与家庭、社区、社会互动[1]。

二、拓展老年人自治的资金来源

老年教育作为一项公共服务，既不同于义务教育需要国家全部承担，也有别于其他非义务教育形式。实践证明，对老年教育投入的大小，是决定老年教育开展的条件和水平的关键因素之一，因此要实现老年人自治参与老年教育资源的供给，需要加大对老年人自治的资金投入。鉴于我国老年人较低的经济收入现状和社会弱势地位，现阶段老年人自治参与供给老年教育资源的资金保障应建立以政府投资为主，并逐步形成行政拨款，基金会、社会企业、非政府组织等公共机构资金支持以及个人投入相结合的多渠道经费筹措体系。政府和社区需制订合理的老年自治教育资源开发政策，积极创造条件，为愿意组织或参与老年教育学习、有意愿且适宜提供教育资源的老年人提供一定的社会支持，鼓励和帮助他们享受并主动提供老年教育资源，为老年教育事业的发展和建设贡献自己的力量，并实现自己的人生价值。

老年教育政策保障制度应明确规定政府财政与服务中有关老年教育的投资计划，将社区老年教育发展规划列入地方财政预算予以支持，明确用于开展老年教育项目。还可以充分利用政策杠杆，引导基金会、非政府组织、社会机构、商业企业和个人捐资办学或助学。随着老龄化社会的到来，老年教育变得日益重要，相关的教育活动也需予以规范。开展老年教育活动的相关机构可以采取会员制，向老年学员收取一定的费用，以充实老年教育活动经费。成立老年教育委员会并成立老年教育基地。全面健全管理机制，实行统筹

---

[1] 王英, 谭琳. "非正规"老年教育与老年人社会参与[J]. 人口学刊, 2009, 31（4）: 41-46.

规划、分级管理、民主参与的管理模式；构筑以政府投资为主，行政拨款、基金会、社会企业、非政府组织等公共资金支持，以及个人投入相结合的多渠道老年教育经费筹措体系[1]。

三、加强老年人自治参与老年教育资源供给的法制基础

目前，在老年教育领域，以《宪法》为基础，以《老年人权益保障法》为主体，包括《教育法》等在内的一系列法律法规，已经基本形成老年人自治参与供给老年教育资源的法律保障体系。这些法律制度确立了老年人的受教育权利和平等、公正地配置教育资源的原则，这在一定程度上突出了老年人自治在参与老年人教育资源供给方面的积极作用，但法律法规的贯彻仍然遭遇落实难困境，老年人的积极性普遍不高。

因此，应进一步完善政策措施解决老年教育实施过程中的有关问题，完善老年人受教育权利保障的具体政策。根据老年教育发展规划，制订更具操作性的法规，明确政府、社会、老年人在老年教育发展中的权责界限。在管理体制上，要实现统一领导。根据国家有关法律法规，老年人自治有两种模式可供选择：一种是成立老年人自治协会。老年人可以申请成为协会会员，协会接受主管部门的业务指导。同时，应给予老年人自治教育项目基金支持，每年可根据协会办学和经费情况按一定比例给予补助。可将老年人自治纳入各区县政府社区教育规划和财政预算，将相对比较固定的街道（乡镇）、居（村）委员会的老年自治团体作为区县级老年人自治组织，进行宣传、扶持，鼓励老年人就近参与学习。另一种？

[1]　王英. 中国社区老年教育研究[D]. 天津：南开大学, 2009.